気づいたときには1億円!

日本一カンタンな「投資」と「お金」の本

MONEY AND INVESTMENT MADE EASY

中桐啓貴
HIROKI NAKAGIRI

CROSSMEDIA
PUBLISHING

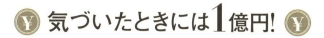

はじめに

私は2007年に『会社勤めでお金持ちになる人の考え方・投資のやり方』という本を出し、その本を通して積み立て投資でグローバルに分散投資をしましょうということを書きました。そして少なくない読者からとても参考になった、ぜひこれから積み立て投資を始めたいという声を頂きました。

それから早いもので12年が経ち、その間にはリーマンショックやチャイナショックがありましたが、積み立て投資を継続していれば、投資元本に対して2倍以上になっていたはずです。

しかしながら、私のところに読者から1通もお礼の手紙、つまりは「中桐さんの本のお陰で資産を増やすことができました」が来ないのです。もちろん感謝してほしいわけではありません。

不思議に思った私はあるネット証券に積み立て投資をしている投資家の平均積み立て期

間を調べてもらいました。すると驚きの数字が出てきました。それは〝**積み立て投資の継続期間は2～4年間**〟だったのです。要するに、10年、20年と継続して積み立て投資をしようと思い立って始めた方が、実は数年間で積み立て投資をやめてしまっているのです。

せっかく投資を始めたのにすぐやめてしまうのはなぜ？

アメリカのファイナンシャルアドバイザーの間では、〝**リスクとはマーケットが変動することではなく、投資を途中でやめてしまうことだ**〟と言われています。

私も独立系ファイナンシャルアドバイザー（ＩＦＡ）として、アドバイザー12名を抱えるＩＦＡ法人の経営をしており、約７３０名のお客様の資産３００億円に対して日々アドバイスをしています。その中心となるアドバイスが長期分散投資に対する理解を深めていただくことです。

最初は投資におっかなびっくりだった方が、**長期投資への理解が深まれば深まるほど、日々のマーケット変動に動じなくなります。**２０１８年も2月、10月、12月に大きくマーケットが下がりましたが、一度長期投資の考えを理解された方からは、私が電話をしても「（相場の動向を）全く心配をしていません」という返事が来るようになりました。

この本の目的は、みなさんに**投資の軸**を持ってもらうことです。投資の軸を持つとマーケットに対してのネガティブな情報が入ってきてもブレなくなります。毎日のようにトランプ大統領の発言や米中貿易摩擦などがテレビやネットを通じて飛び込んできますが、その情報によって軸がない投資家は一喜一憂して、長期投資をやめたいという衝動に駆られます。一方、軸を持っている投資家はマーケットの変動に対して平然と受け流すことができます。

私には社員30人の会社の経営者という顔もあります。会社経営も最初の頃は経営に対する軸がなかったので、日常の些末な出来事に頭を悩ませていました。しかし、ある経営塾に半年ほど通い、そこで経営の原理原則を学ぶことで私の中に軸ができました。そうすると、不思議なもので体がふっと軽くなり、経営の判断がブレなくなりました。

残念ながら巷にある投資に関する本は、**短期的ないわゆるノウハウ本が多く、**その時は分かった気になりますが、そのノウハウが長期投資の手助けになるとは思えません。一方で、投資の軸を作るための必要な知識が書いてある資産運用の専門書は、どれもハードカバーで400ページぐらいあり、完読するにはそれなりの事前知識が必要になります。

資産運用が仕事でないみなさんがこれらの専門書と格闘する必要はありません。この本では私が仕事としてこれまで読みためてきた本や長年のファイナンシャルアドバイザーとしての経験から、長期投資を継続する上で必要と思うものを書き出しています。

そしてその知識をスムーズに身につけていただくために、小説にしました。

なぜなら、**投資の軸を身につけるには、順を追って理解をしていく必要がある**からです。本書では、ほとんど金融や投資に対する知識がない30代前半の隆一が投資のことを先生から学んでいくという物語になっています。

投資とギャンブルの違い、資本主義下でなぜ株価は上がり続けるのか、これまでのバブルの歴史、行動ファイナンス、なぜ分散投資をする必要があるのか、などの知識が順番に分かるようになっています。

一番シンプルで一番儲かる方法があるのになぜやらない？

日本人は株式や投資信託に対する不信感が根強いです。理由のひとつは、日本株がここ30年間停滞をしているので、周りに投資で儲かった人がいないことが大きいと考えます。

もうすぐ平成も終わりますが、**平成元年に日経平均株価に投資をして、30年間持ち続けたら半分**になっています。

しかしその一方、**米国株に30年前に投資をしていればこの30年間で10倍、ドイツ株に投資をしていても10倍**になっています。アメリカ人やドイツ人は今すぐ使わないお金は投資に回そうとします。なぜなら、銀行に置いているより投資に回した方が長期的に見ればよっぽど利回りがいいと考えるからです。だから資産の半分以上を投資に回すのです。

翻って日本人はどうかというと、日本株の低迷と投資に対する正しい知識を習ったことがないせいで、投資はギャンブルと似たようなものと思い、資産の10％も投資に回していません。これは日本人にとって大きな機会損失だと思います。
アメリカ人やドイツ人のように、投資に対する軸を持ち、長期で世界に分散投資をするというのが、**一番シンプルで一番儲かる方法**なのです。

平成の次の時代に、どこの国の株がどれだけ上がるかは予想できませんが、世界経済は人口も増え、毎年成長をしていきます。そこに投資信託を使って分散投資をして、長期で保有してください。そうすれば、**誰でも30年で資産を10倍にするチャンスがあります。**

本当だろうか？と思った方のために、まずは次ページから図を使って「投資のすごい効果」を紹介します。それだけの効果があるのになぜ、多くの人は投資を続けられないのかという問題提起もします。

長期分散投資を継続するのは簡単なことではありませんが、人生100年時代、リタイア後に資産が枯渇しないためには、資産運用への正しい知識の取得と行動が必要です。つまり資産運用というのは、人生から切り離すことができない一生の問題なのです。

ぜひその問題にこの本を通じて向き合ってみませんか？

しない手はない!

は大きく、安定的に殖えていく

平成の間で資産は約15倍に!

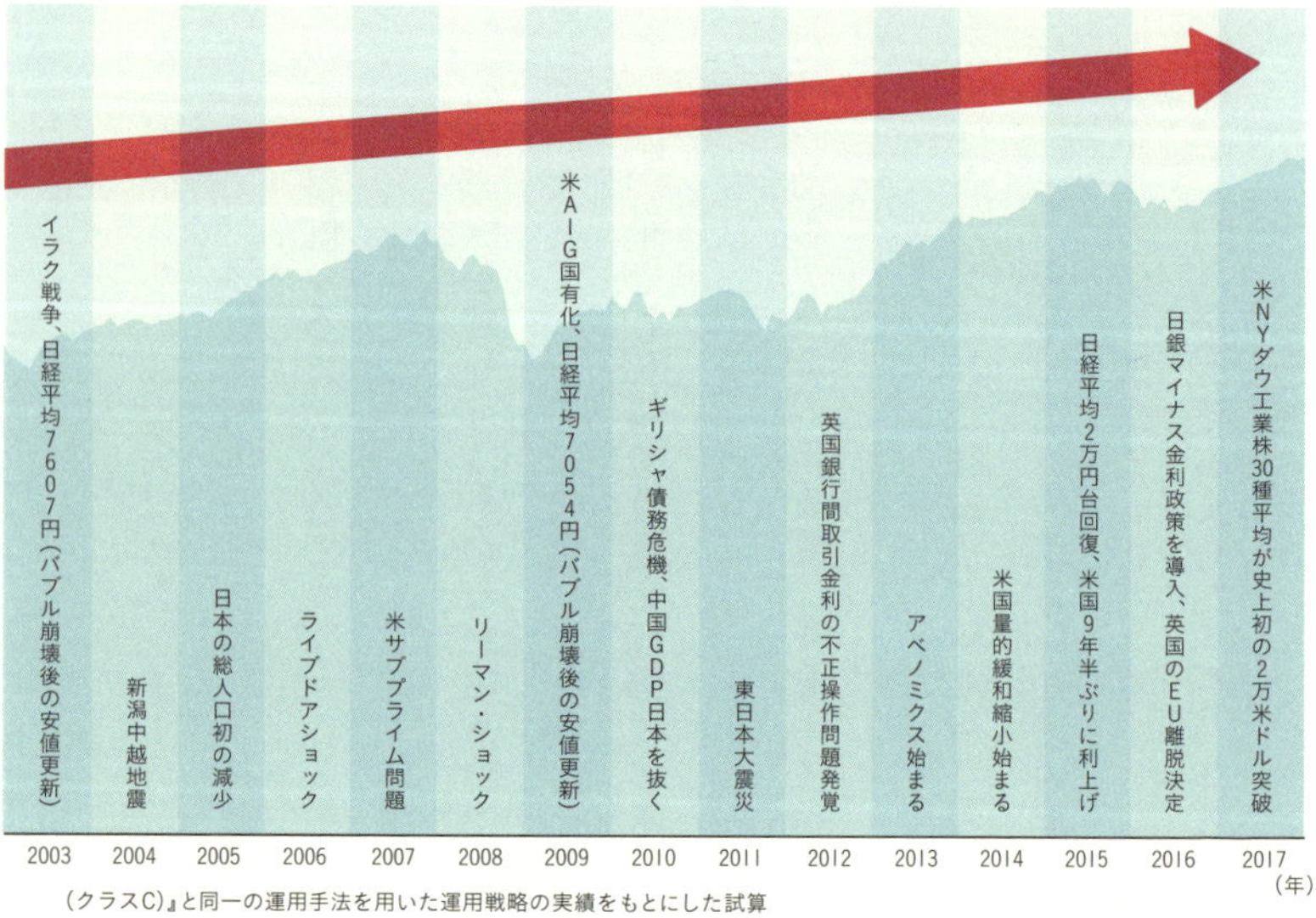

(クラスC)』と同一の運用手法を用いた運用戦略の実績をもとにした試算

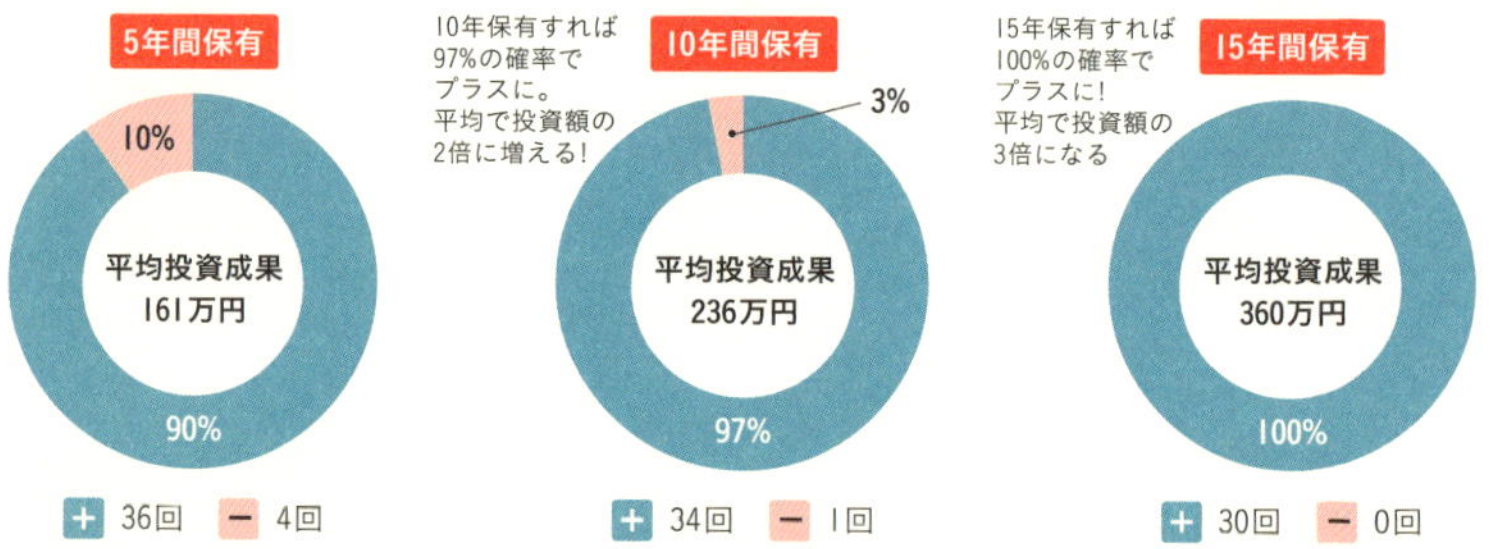

1973年の年末を起点に2017年末までを試算したもので、それぞれ年初から所定の経過年数後の年末までのリターンを集計

図でわかる! 投資のすごい効果

この世界に投資

長く投資すればするほど、お金

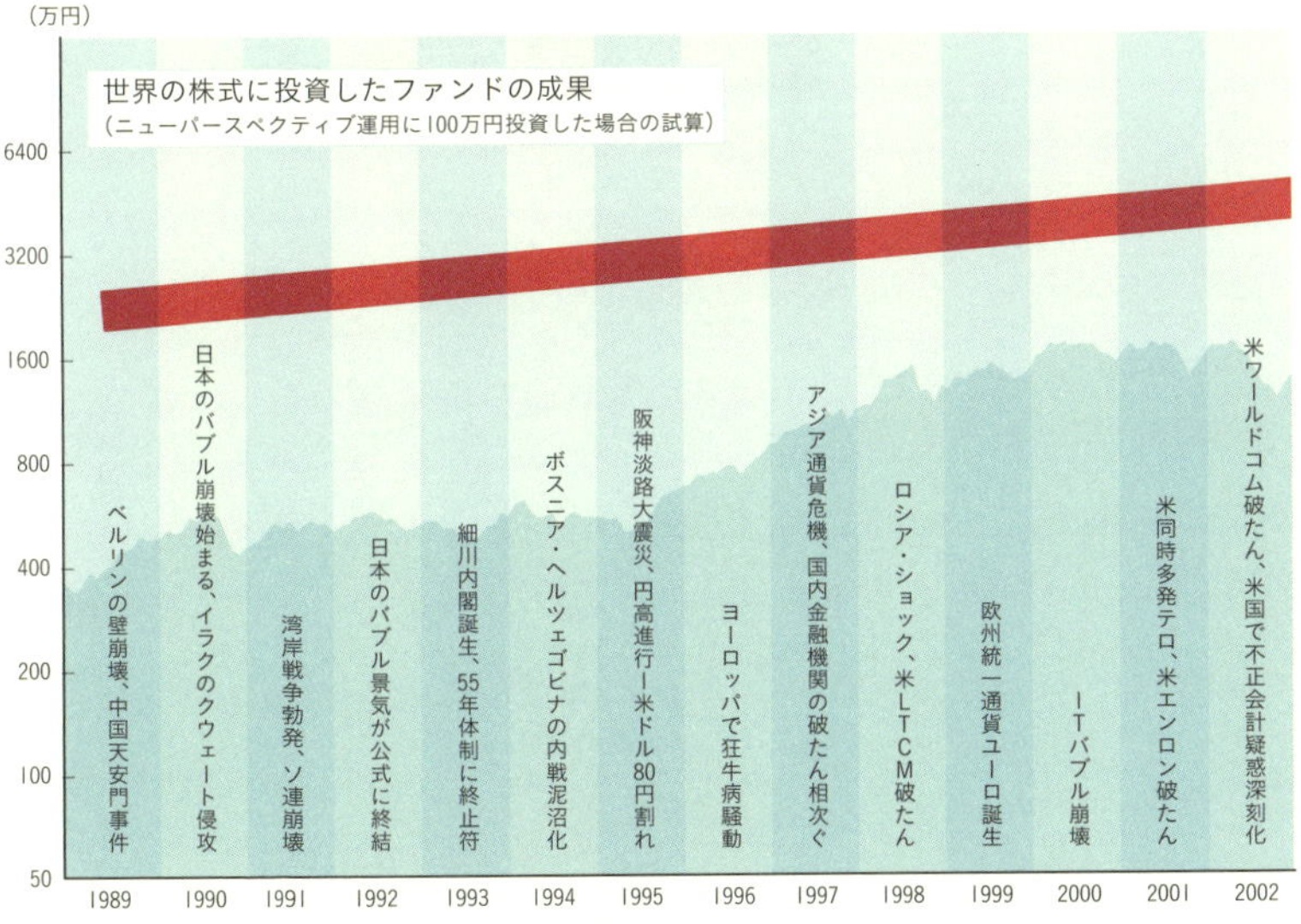

出所:キャピタル・インターナショナル株式会社　※上記は『キャピタル・グループ・ニューパースペクティブ・ファンド

長期保有で勝率はぐんぐん上がる!

保有期間別の損益の割合

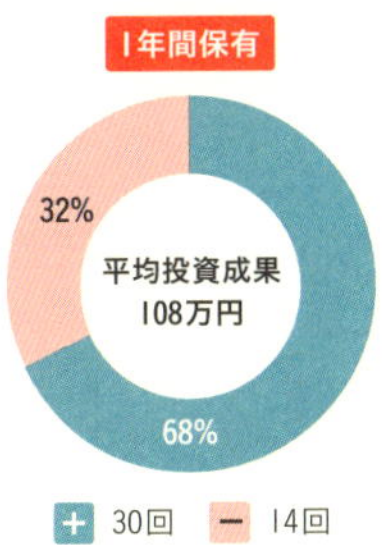

出所:キャピタル・インターナショナル株式会社

には1億円！

資した元本の4倍になって戻ってくる

投資元本と運用収益

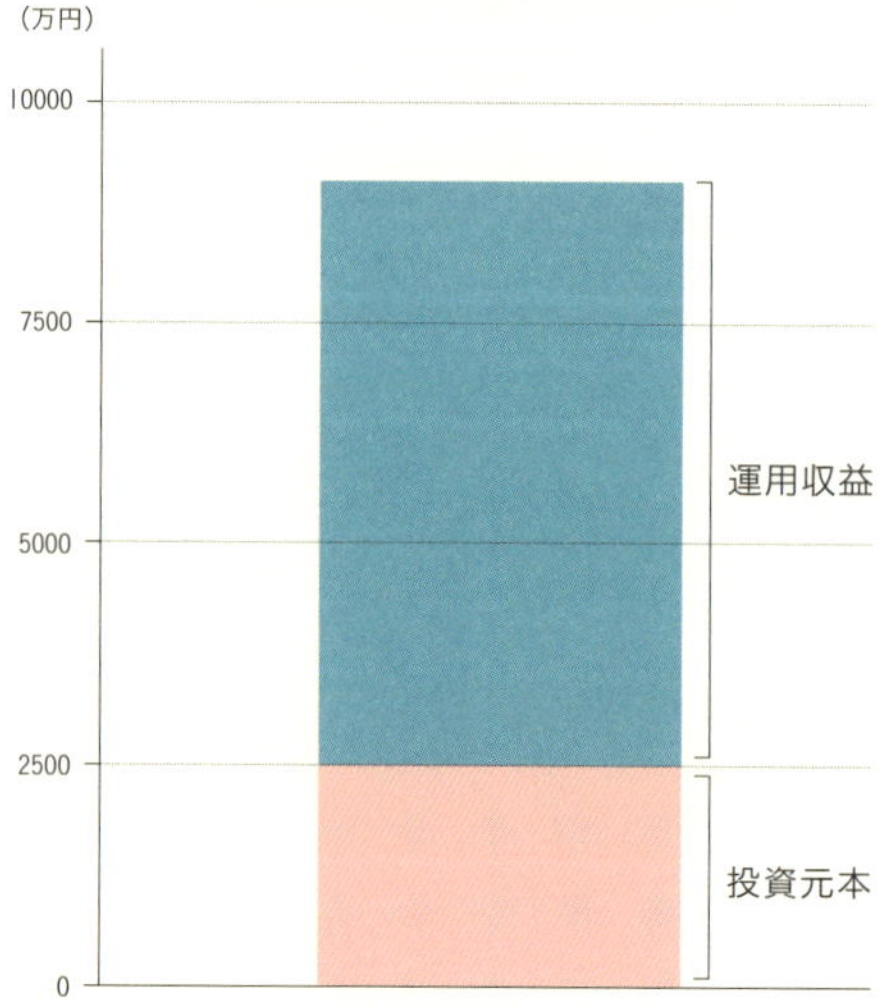

左の条件で積み立てた場合、
最終的には

9005万2730円に！

図でわかる! 投資のすごい効果

気づいたとき

平均リターンの7%で試算すると、投

積み立て年数と金額の推移

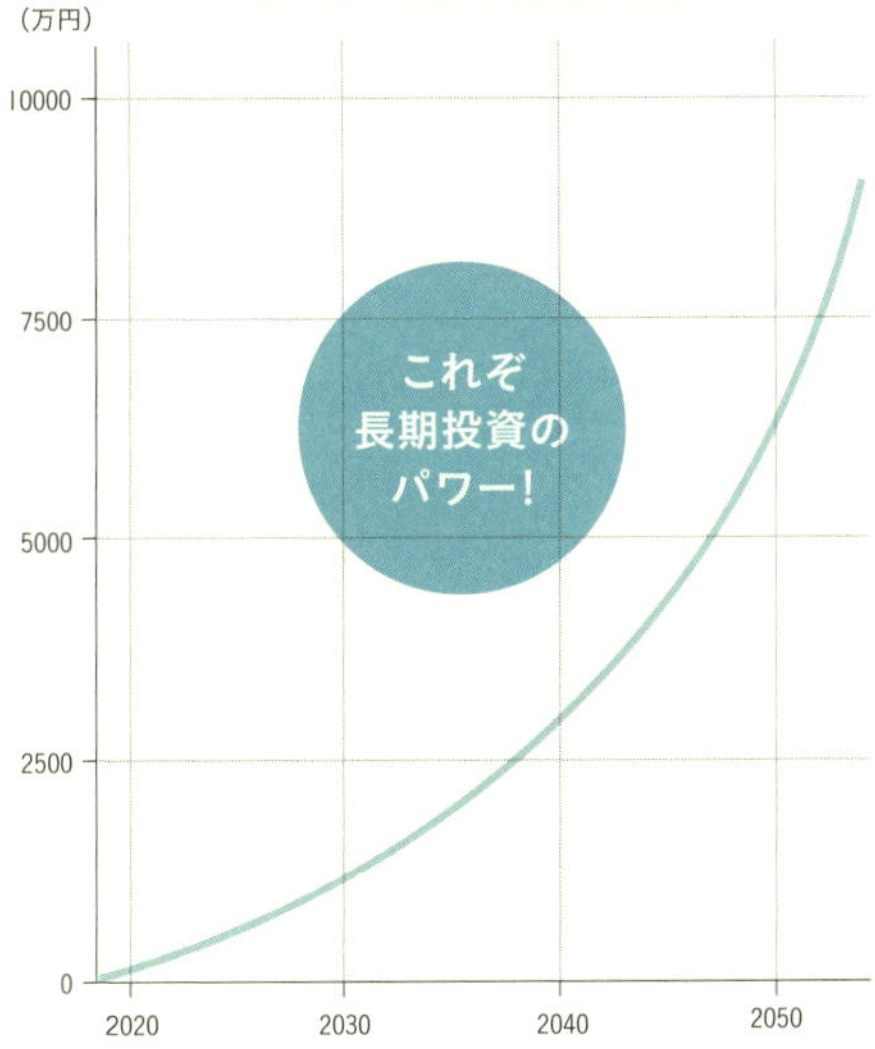

毎月積立額 5万円 × 積立期間 35年 × リターン 7%

途中で
しまう人が多い

期間は、たったの2〜4年!!

図でわかる! 投資のすごい効果

しかし、投資をやめて

積み立て投資の平均継続

せっかく順調に増えていたのに……

ン・成功パターン
楽しいBさんの差とは?

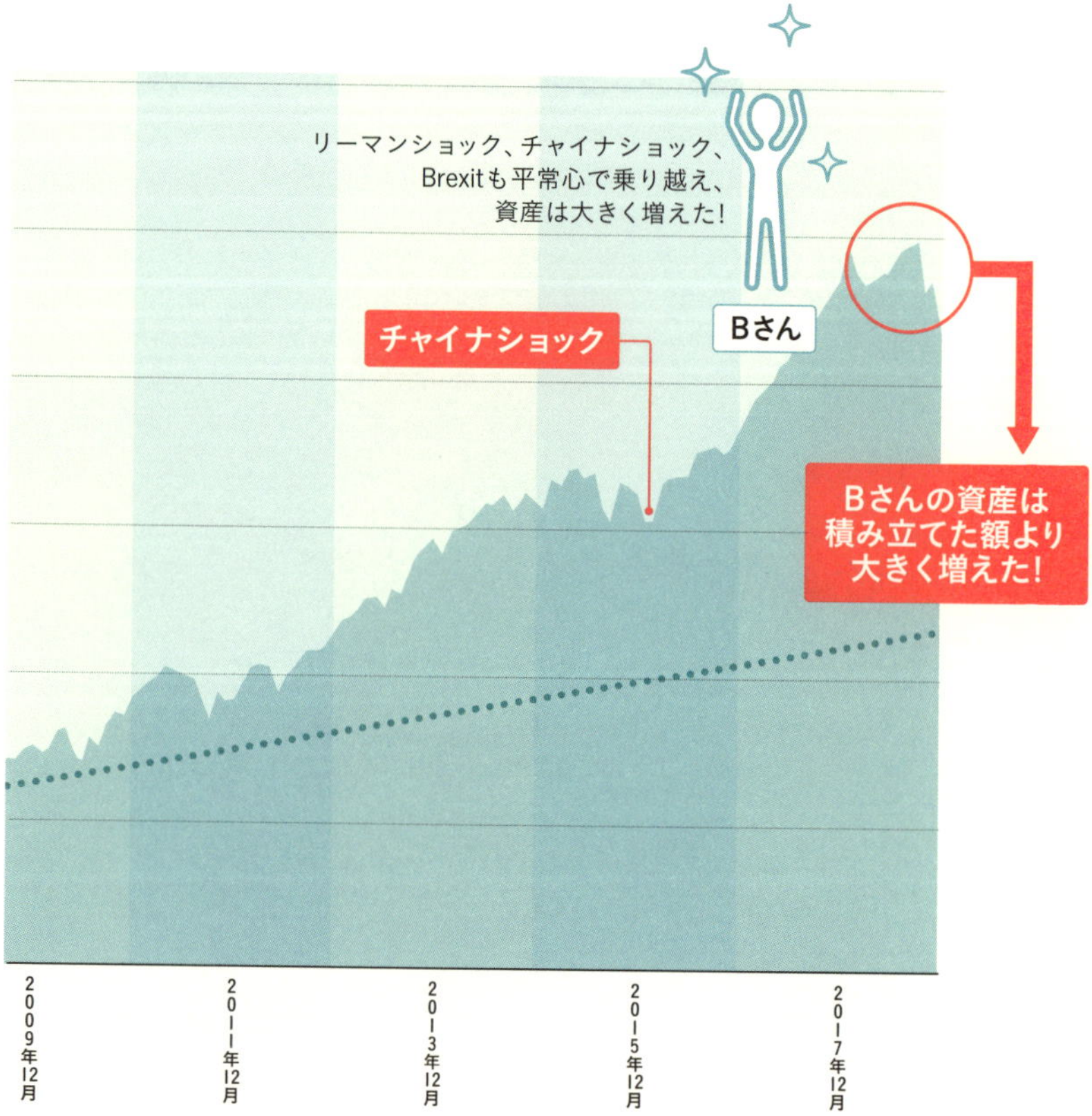

※ MSCI ACWI(世界の株式を対象とした株式指数・円ベース)をもとに試算

図でわかる! 投資のすごい効果

よくある失敗パター
投資が怖くなったAさん、

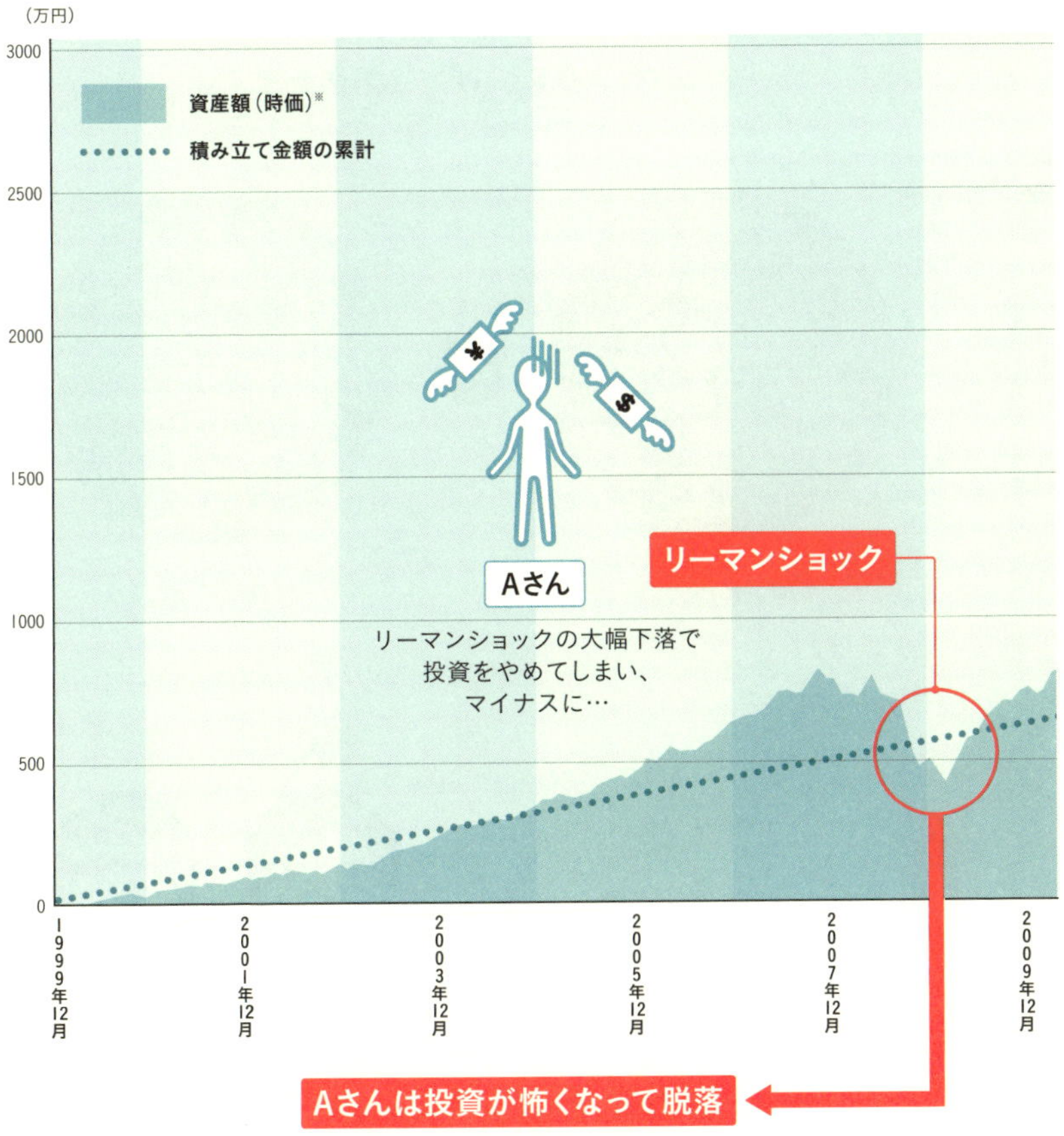

「投資のすごい効果」を手にするためには？

うまくやるには 2つの力が必要!

本書ではPart 1とPart 2に分けて、
2つの力の身につけ方を解説します。

ブレない投資マインド ＋ **一貫した運用スキル**

Part 1で解説　　Part 2で解説

先生　隆一

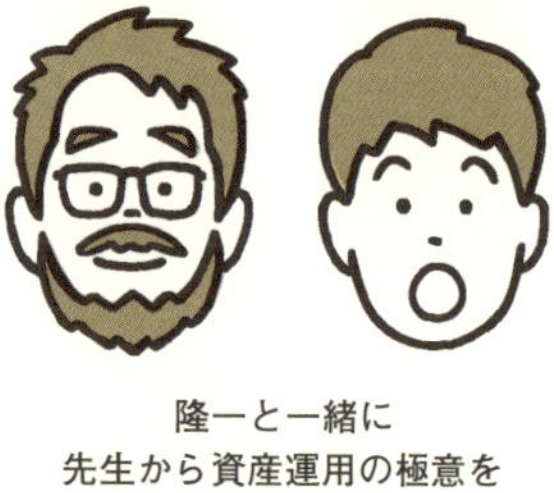

いざ本編へ!

読み終えたあなたはきっとこう思うでしょう。こんなに「カンタン」に「投資」で「お金」を殖やせるなら、もっと早く始めておけばよかった、と。

隆一と一緒に
先生から資産運用の極意を
学びましょう!

日本一カンタンな「投資」と「お金」の本 目次

Part 1
一番シンプルで
一番儲かる方法を知る（マインド編）

第1章 投資で儲けるために一番大切なこと

「投資」と「お金」のコラム①

第2章　1ドルが60万ドルに化ける資本主義のパワー

「投資」と「お金」のコラム②

第3章 バブルと投資の関係。儲かる仕組みが分かった

第4章 気持ちを整えるだけで投資の勝率は上がる

第5章 長期投資がもっとも優れた投資法である本当の理由

Part 2

一番シンプルで一番儲かる方法を実践する（ノウハウ編）

お金が増える具体的で実践的な方法

Part 1

一番シンプルで一番儲かる方法を知る（マインド編）

第1章

投資で儲けるために一番大切なこと

〈プロローグ〉
先生との運命の出会い

金曜日の夜、木村隆一はいつものように新橋で「せんべろ」の最中だった。せんべろとは千円でベロベロに酔えるということだが、新橋の大衆居酒屋の安くて濃いめの酎ハイは、見事に隆一を気持ちよくさせてくれた。

隆一は新卒でスポーツ用品メーカーに勤めて10年目、30歳を過ぎたところ。いっしょに飲んでいる同僚は、ろれつが回らなくなっており、仕事のグチや上司の悪口で1週間溜まった毒を吐く。右隣に座る退職前のサラリーマンらしき2人は、もうそれほど仕事に根をつめていないのか、美味しそうにホッピーで喉を鳴らしながら、最近の政治についての持論を展開していた。

左隣の40代風の男性2人は、投資の話をしていた。

「去年はビットコインや新興企業の株で200万くらいは儲かったよ」と少し派手なスー

ツを着る男性が自慢げに言うと、友人らしき男性が「200万かよ!? ゴチになりますー。俺もやってみようかな」と急に目をギラつかせた。

かなり酔ってはいたが〝投資〟というワードに脳が反応した隆一は、3年前を思い出していた。

適当に買ったら3日で3万円儲かった

同僚が株のデイトレードで毎月10万円の小遣いを稼いでいるという話を聞き、「あいつにできるなら俺にもできるはずだ」と考え、ネット証券に口座を開いて株をやってみたのだった。

なんでもビギナーズラックというのはあるもので、株価が上がっている銘柄のランキングから適当に1つ選び、10万円くらい買ってみたら、3日で13万円になった。3日で3万円も儲かったことに驚いた。

隆一の月の小遣いも3万円である。娘2人の教育費や住宅ローンに給料を根こそぎ取られ、妻に小遣いアップを頼もうものなら、「あの子たちの学費と、あなたの飲み代とどっちが大事なのよ」と逆に詰め寄られ、ボーナス月の1万円上乗せをキープするのが精一杯。

そんな状況で、3日で3万円も儲かったのだから、ひと月で数十万円稼ぐのも夢じゃないと、隆一は株にのめり込んでいった。

株をやり始めると、スマートフォンで取引画面を見る頻度が増え、15分に一度は確認をしないと落ち着かなくなった。会議中も、ノートパソコンで資料を見ているフリをしながら、手元ではネット証券のスマホアプリで株価を確認していた。

株の短期売買をしていると、自分が迷彩服を着た軍人のように戦闘モードに入るのが分かった。神経はいつも高ぶり、夜は眠りが浅くなった。

独身時代に貯めた虎の子の貯金100万円をまるごと1つの銘柄に突っ込み、倍になるのを期待した。その会社の業績はおろかビジネスモデルを調べることなく、値動きの大きさで選んだ銘柄だった。

その年の夏、中国発の金融危機、いわゆる「チャイナショック」が起きた。買っていた株の値下がりがいつまでも止まらず、株価がつかない、いわゆる「ストップ安」が何日も続いた。あっという間に株価は買ったときから70％も下がり、ただ何もできずにその画面をボーと眺める日々を過ごした。

隆一は、はじめて投資の怖さというものを知り、株から手を引いた。そして、もう二度とやるまいと心に決めたのだった。

ただ、そのあとも頭の片隅に、本当に投資はやらないほうがいいのだろうか、という思いが残っていた。

世界で2番目にお金持ちで株式投資だけで9兆円もの資産を築いた「ウォーレン・バフェット」は、たまたまラッキーだったんだろうか。アメリカ人が資産の半分以上を投資に回しているのはなぜだろうか、と――。

酔いも手伝い、その思いがぶり返した隆一は、短期投資で儲けたという隣の男に聞いてみた。

「すみません。私も以前株をやっていまして……、最初は儲かったのですが、途中から自分の欲を抑えきれなくなり、最後は大損してしまいました。あなたは、どうして投資で利益を出すことができたのですか？」

男は、隣の客からのいきなりの質問に、迷惑を隠しきれない様子だったが、

「実は、私も最初は損してばかりだったのですが、ある先生と出会うことで資産運用に対する考え方が、ガラッと変わったのです」

と、答えた。

隆一は少々面食らった。ビットコインとか言っていたくせに、資産運用とかずいぶんまじめなことを言うじゃないか。しかも先生？　なんだか怪しいヤツだな……。

そんな隆一の気持ちを察したのか、男は先ほどの言葉を取り繕うように続けた。
「ビットコインとか新興国株は遊びのお金でやっていまして、私の資産運用の大半は先生の教えに沿った運用をしています」
隆一は、男が繰り返した言葉が気になって聞いてみた。

「先生……とは誰ですか？」

「日比谷神社の横に地下室があるのをご存知ですか？　地下に通じる階段を降りるとそこには重厚な扉があり、その奥に先生の執務室があるのです。にわかには信じられないかもしれませんが、私はそこで先生から投資を体系的に学んだのです」

半信半疑だった隆一だが、酔った勢いもあり、詳しく場所を尋ねた。

「ただ、先生は誰に対しても教えるわけではなく、気に入った人にしか教えないので、そこはあなた次第ですね」

隆一は、手帳を差し出し男に地図を書いてもらうと、居酒屋を抜け出し、先生のいる日比谷神社に向かって歩き出した。

〈第1話〉
新橋・日比谷神社で投資を教わる

隆一は、手帳の地図を見ながら、日比谷神社に向かっていた。

赤い鳥居の横には、下へと向かう薄暗い階段が不自然にあった。隆一が降りきると、そこには、居酒屋の男が「重厚」と言ったオークのドアがあった。

表札も看板もないことに怯んだが、引き返すわけにも行かず、隆一はドアを開けた。想像していたよりも部屋は明るく、神社の地下室というよりは、「蓼科の別荘の書斎みたいだな」と、隆一は電車で見かけたリゾート物件の広告を思い出していた。

入った部屋の大きさは8畳ほどで、半袖シャツに短パン姿の年齢は初老の男性がカウチに座ってこちらを見ていた。

「ここを訪ねて来る人は久々ですね」と言って、彼の前にある椅子に座るよう促した。

「あなたが、先生ですか？」

と隆一が聞くと、

「そうです。私のことを先生、と呼んでもらってかまいません」

と、男性は言った。

「君は、投資のことを学びにきたのですか？」

「はい、いま近くの居酒屋で先生のことを聞きました。先生に教わったおかげで投資に対する考え方がガラッと変わったと聞き、ここに来ました」

突然訪れた隆一を不審がるわけでもなく、先生はいたって自然体で対応している。

隆一は、素直な気持ちをぶつけた。

「私は以前、株への投資で痛い目を見たことがあり、もう投資はこりごりと思っていました。でも一方で、本当にそれでいいのかとも考えていました。投資をしないことで、なにかチャンスを逃している気もしていたのです。こんなことを妻に言うと投資なんてギャンブルと同じでしょ、と取りつく島もありませんが……」

先生は、隆一の言葉に頷きながら、

「投資とギャンブルの違い、そこを理解することはとても大切ですよ」

と答えた。

「どう違うのですか？　妻を説得したいのでぜひ教えてください」

「では、そもそも投資とは何か、あなたは説明することができますか？」

逆に先生に質問され、隆一は答えに詰まった。

投資については、株価の上げ下げで儲かるとか、損をするとか、という程度で深く考えたことはなかったからだ。

先生は続けた。

「むろん、投資はギャンブルとまったく違いますよ。私の言う『投資』は、株式やFXの短期回転売買とも違います。**株式の短期回転売買で利益を得ようとする営みを『トレード』とよんでいますが、**投資とギャンブル、そしてトレードがどう違うのか説明しましょう。あなたは少しお酒を飲んでいるようですが、大丈夫ですか？」

隆一はお酒を飲んでいることを指摘され、どきっとしたが、もうほとんど酔いは冷めていた。そして、自分はなぜこの初対面の〝先生〟をすんなり信じているのだろうか、と頭の片隅で感じつつ、先生の話に引き込まれていった。

誰も損をしないビジネスモデル

「先生、もう酔いは冷めています。ぜひ教えてください」

「いいでしょう。まず**投資は、ギャンブルとはビジネスモデルも目的も違う**ことを説明しましょう。競馬や宝くじなどのギャンブルは、掛け金を集めて、集めた掛け金から経費や税金などを差し引いた残金を、当たり外れによって分配するゲームです。本質は娯楽であり、娯楽サービスの提供を受けるために掛け金を支払うわけです。**賭け事そのものを経済合理性で考えれば、誰かが得をすれば、誰かが損するゼロサムゲーム**です」

「競馬や宝くじでは、みんなが儲かることはない、ということですよね」

「そうです。宝くじであれば、胴元の取り分が約50%で、残りの50%をみんなで取り合う構図だからです。競馬であれば、胴元が25%持っていきます」

改めて仕組みを認識した隆一は、

「宝くじって、買った瞬間に半分も取られるのですね。そうであれば確かに娯楽や運試しと思わないとやっていられないですね」

と言った。

先生はその通りだという顔で続けた。

「一方、企業（株式）に投資することはギャンブルとはまったく違います。投資した資金は企業の事業に投じられ、企業活動を通じて利益を生みます。期待通りに利益が出れば、投資家は配当を得る、または株価の値上がり益を得ることができます。**誰も損をしない、皆が得するビジネスモデル**というわけです」

隆一は「なるほど」と頷いてみたものの、まだ腑には落ちていなかった。

「むろん、事業が上手くいかないこともあるでしょう。しかし、利益を上げようと努力することで企業間の競争が活発になり、社会のイノベーションにもつながります。また、投資した事業が上手くいけば、社会が必要としている資本やサービスが提供され、働く場も税金も増えます。つまり**投資とは、私たちの暮らす資本主義という社会を豊かにさせるための行為**ということなのです」

「先生、イノベーションとか資本主義とか、聞いたことはありますが、それと投資がどう繋がるかまで理解できません」

隆一は正直に先生に伝えた。

「わかりました。イノベーションや資本主義については、また次の機会に噛み砕いて話しましょう」

隆一は、投資とギャンブルの違いについてはおおむね理解したので、帰ったら妻にこの話をしようと思った。

〈第2話〉
投資とトレードはどう違う？

先生は席を立ち、

「コーヒーでも飲みますか？」

と隆一に尋ねた。

「ありがとうございます。いただきます」

先生は奥にあるキッチンにいき、ヤカンに火をかけ、棚からコーヒー豆を取り出した。サントスがお気に入りらしい。

ヤカンのお湯をハンドドリップで、ゆっくりと、豆を蒸らしながら、入れていく。その所作には何の迷いや装飾もなく、確立されたものだ

った。先生はいれたてのコーヒーを飲みながら、話しはじめた。

「では次に、投資とトレード（短期回転売買）の違いを説明します。投資とトレードは、株式を売買して利益を得ようとすること自体は同じです。ただ、手法がまったく異なるため、必要となるスキルも心構えも違います。ところであなたは、株式投資で失敗した経験があるといいましたね？」

隆一は、手短に、しかし、正直に自分の投資デビューからの失敗談を話した。

「なるほど。あなたは、**投資のつもりで始めたのが、いつのまにかトレードをするようになり、失敗した**のですね」

「はい」

「投資の目的は、企業の成長を株主の立場で応援し、その果実を自分も得ることです。企業が成長するには、新しい事業や商品を生み出していく必要があるため少なくとも数年単位の時間がかかるでしょう。**おのずと投資の期間は中長期（5年以上）が適当、ということになります**」

隆一は、これまで投資した企業が今後成長していくのか、安定した利益を上げ続けられるのかをまともに調べたり考えたりしていなかったことに、いまさらながら気がついた。

トレードをする時間なんてない

先生は話を続けた。

「一方、トレードでは目先の株価の価格差に注目して売買するので、短期売買する人が多いでしょう。しかし、株価は企業業績や金融市場の動き、そして政治などさまざまな要因で変動しますから、それらの情報を逐一把握していないと勝つことは難しいですね」

むろん、隆一には、そんな知識も勉強する時間も意欲もなかった。

「さらに短期売買となると、刻々と動く株価をつねにウオッチしなければなりません。それがどれだけ大変なことかは、あなたも体験したわけですね」

隆一は、仕事中に株価が気になって仕方なかった自分を思い出して、軽い目眩がした。そんな隆一に構うことなく、先生は話を続けた。

「トレードで利益を上げている人の多くは、株価のチャートを分析して売り買いのタイミングを計っています。テクニカル分析と言われるものです。そうしたスキルの習得も必要になるということです。退職して時間的に余裕がある人や、株の売買そのものに魅力を感じる人はともかく、あなたのように**仕事に家庭にいそがしい人が片手間に取り組んで、継続的に利益が得られるほど甘い世界ではない**ということです」

〈第3話〉

金持ちは株で資産を増やしている

「ところで先生、投資で儲かったという人があまりいないように思うのですが、なぜでしょう？」

「ハハハ。それは、あなたの周りにはいない、の間違いでしょう。類は友を呼びますから」

嫌味なオヤジだなと思いつつ、隆一は

「株で儲かった人って、そんなにいるんですか？」

と聞いてみた。

「もちろん、たくさんいます。というより、**世界のお金持ちの多くは、株で資産を増やしています。**ビル・ゲイツ氏の資産の大半はマイクロソフトの株ですし、ウォーレン・バフェット氏は投資家として数兆円の資産を築き、日本有数のお金持ちの孫正義氏や柳井正氏は、自分の会社であるソフトバンクやユニクロの株で、資産を築いたのです」

「先生、それはその通りかもしれませんが、そういったお金持ちは一部の起業家だけで、僕みたいな庶民とは違いますよ」

やはり隆一の中では、お金持ちと株式投資の関係がピンときていなかった。

アメリカの株は3倍になっている

先生は、隆一の反応を気にせず話を続けた。

「もちろん、あなたがこれから売上げ何兆円もの企業を起こすのは難しいかもしれません。でも、それらの企業も元々は数人で始めたベンチャー企業であり、上場したときにその会社に投資をしていれば、そこから資産は何百倍にもなっているのですよ」

「先生、何となくはわかりますが、ちょっと私には話が壮大です。もっと庶民にも理解できるレベルの話をしてもらえませんか？」

「確かに、**日本では投資で成功した、投資で資産を築いたという人の数が、絶対数ばかり**

でなく人口比でも、アメリカなどと比べると少ないのは事実です。そこには、日本経済の問題もあったわけですが」

話が難しくなりそうだと隆一が感じたのを読み取ったのか、先生はこんな話をした。

「私の若いころ、**1989年12月に日経平均株価は3万8915円を付けました。**あの頃は銀座でタクシーをつかまえるには、1万円札をドライバーに見せる必要がありました」

「私なんか、たまの新橋飲みで２０００円使うのもせいぜいなのに、タクシーをつかまえるだけで1万円ですか！」

隆一は、時代が違うなと感じつつも、先生の話に興味を持ち始めた。

「そういう時代をバブルというのです。バブルの仕組みや歴史は投資をする上では知らないといけないので、また別の機会にやりましょう。ざっくりと話すと、日本の不動産、株式バブルが崩壊した１９９０年から株価は大きく下がりました。その後、２０００年代初頭にはＩＴバブルの崩壊、２００８年にはリーマンショックによる急落があり……、とにかく日本株は長いことほぼ低迷していたわけです。ようやく最近になって回復基調にはありますが、**バブル崩壊など30年近く前の話なのに、当時の株価にはまだまだ届きそうにありません**」

「では、アメリカはどうか。1990年代から今日まで上げ下げはあっても、株価は上昇を続けてきました。アメリカでは株に投資して長く保有していれば財産を作れたわけです。20年前の日経平均株価は今とそれほど変わりませんが、20年前のニューヨークダウ平均はいくらだったか知っていますか？」

隆一はアメリカの株価など気にしたこともなかったので、素直に

「20年前も今のダウもわかりません」

と答えた。

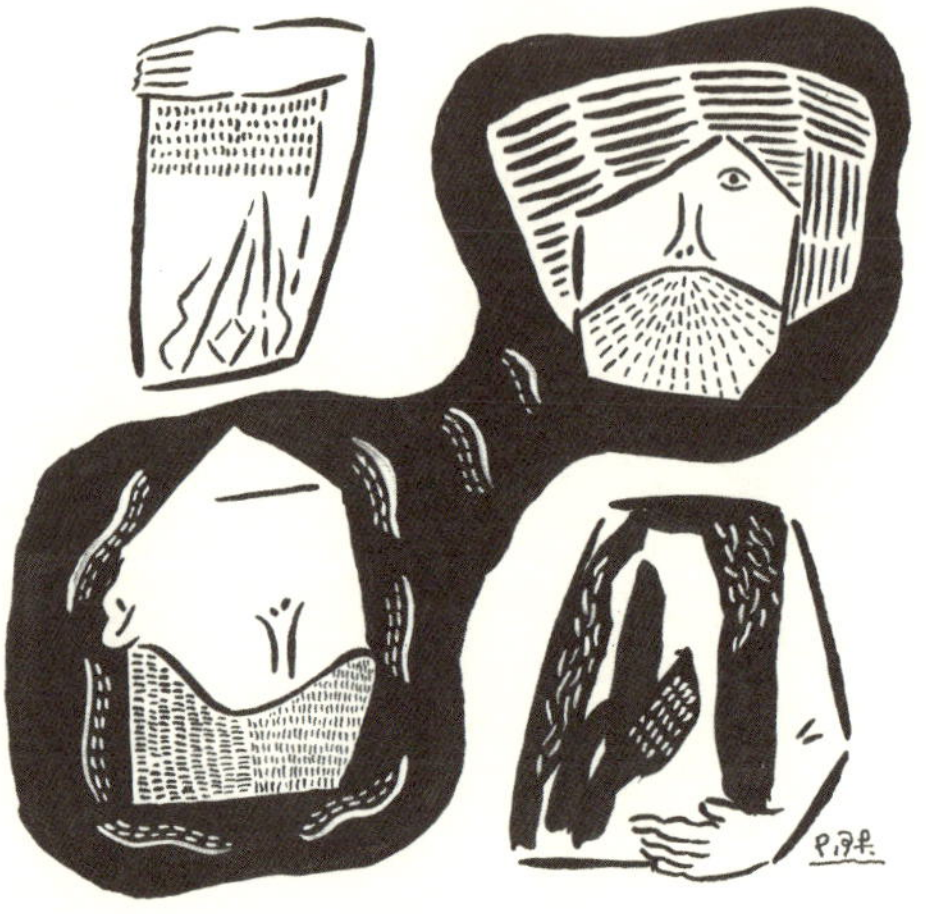

「アメリカは世界経済の中心です。ぜひ、NYダウぐらいには興味を持つようにしたいですね。20年前のNYダウは約8000ドル、いまが2万4000ドルくらいです。つまり、**20年もの間、日本株がほとんど上がっていないのに、アメリカの株価は3倍になっていた**ということです。**期間を30年にして平成元年からでみるとNYダウは10倍になってい**

ます」

隆一は、「いやあ、アメリカ人に生まれたかった」と軽口を叩いた。

「もう1つ大事なことがあります。さきほどの日本とアメリカの株価の動きの結果でもあるのですが、日本では自分の金融資産を投資商品に振り向けている人が欧米に比べて極端に少ないのです。**日本の家計金融資産は1800兆円以上ありますが、その50％以上は現預金です。投資に該当する株式・投資信託の割合はわずか15％です。**反対に、アメリカでは**現預金は13％程度で、株式・出資金・投資信託が48％です。**これでは、あなたの周りに株で儲かった人がいないと感じるのも無理はないでしょう」

儲けている人の仲間に入りたい

先生の話がようやく一段落したところで、隆一は一番聞きたいことをおもむろに持ち出した。

「先生、日本でも儲かった人がそれなりにいるなら、私もその仲間に入りたいと思うのですが」

「そうでしょうね。そうでなければ私を訪ねてはこなかったでしょう」

欲が出すぎてしまったかと思い、

「いや、勉強させていただきたいと思いまして……」

と、隆一は「勉強」という言葉をことさらに強調した。

「あなたは、まず2つのことを理解しなければいけません。1つは、**投資は丁か半か、上がるか下がるかという『当てもの』ではない**ということです。正確な情報と確立された理論にもとづいて分析し、リスクをとるということです」

隆一は身を乗り出していた。儲け方の話に近づいてきたと思ったからだ。

「利益を上げようとすれば、それなりの情報収集や勉強と訓練が必要になります。しかし、いくら情報を集めても、分析しても、利益が出るか否かは将来のことですから、予想した結果になるとは限りません。だから、**不確定な将来にむけて、今決断するという意味でのリスクテイクも必要になります**」

「情報収集、勉強と訓練、それにリスクテイクですか……」

隆一は、やはり自分には無理ではないかという思いがこみ上げてきた。

「不安にさせるようなことを言ってしまったようですね。投資を体系的に学ぶことは簡単ではありませんが、これまで私のところにきた中で一人の脱落者もいませんよ。私の講義が終わるころには、投資のことが腑に落ちているはずです。それほど心配をする必要はありません」

その言葉で隆一の気持ちはいくぶん明るくなった。

「先生、それではこれから毎月第4金曜日の夜7時にこの場所にお邪魔してもよろしいですか」

「それはいい心がけですね。世間が給料日あとで楽しく飲んでいる時間帯にちゃんと来られますか」

「私は投資を本気で学びたいのです」

「わかりました、ではまた来月お待ちしています。次回は資本主義の仕組みについて学びましょう」

「投資」と「お金」のコラム①

人生100年時代のあなたの投資戦略は？

私たちはいま時代の転換点にいるため、パラダイムチェンジをしなければいけません。つまり、戦後の高度成長期に醸成された日本人の価値観からの脱皮です。

その古い価値観とは、同じ企業に定年まで働き、資産は銀行預金にしておいて、定年後は国が面倒を見てくれると信じることです。

65歳まで働いて、80歳で寿命を迎えるという時代から、80歳まで働いて100歳で寿命を迎えるという時代への転換を受け入れる必要があります。それには2つの選択肢があります。

① より長く働く

② 資産をより効率的かつ長く運用をする

長く働くには、折り返し地点である50歳前後でもう一度学び直し、新たなスキルを習得することで自分のマーケットバリューをあげる必要があります。

会社を辞めて大学院に入り直すことまでしなくても、オンラインで海外の大学の学位や修士号を取ることもできるようになっています。

そして、もう一つがより資産を効率的に運用するということです。より長く働けるということは、それだけ資産を増やすチャンスがあるということです。

そこで、まず最初に理解しなければいけないポイントが、ギャンブルやトレードはゼロサムゲームですが、投資はプラスサムということです。

ギャンブルやトレードは儲かる人の裏に損をする人がいますが、投資は世界経済が発展を続ける限りは投資をしている全員が儲けられるのです。

左の図は日本の年金を運用している独立行政法人（GPIF）が使っている期待リターンです。この期待リターンというのは、それぞれの資産を長期保有した場合にどれぐらい

「投資」と「トレード」の違い

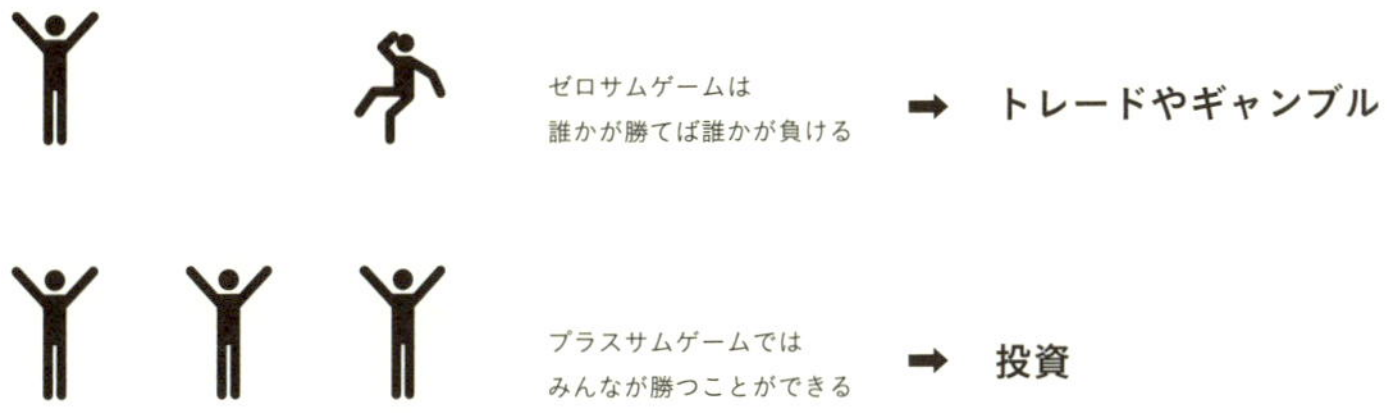
ゼロサムゲームは
誰かが勝てば誰かが負ける
➡ トレードやギャンブル
プラスサムゲームでは
みんなが勝つことができる
➡ 投資

	期待リターン
国内債券	1.0 %
外国債券	3.3 %
国内株式	4.1 %
外国株式	7.3 %

〈出所〉年金積立金管理運用独立行政法人　平成29年度業務概況書より

のリターンが期待できるかを表したもので、代表的な4つの資産の期待リターンはプラスになります。

一方、ギャンブルは宝くじ、サッカーくじで約50%が最初に国に取られることになり、公営競技だと25%が最初に取られてしまい、残りを取り合います。

そうすると、期待リターンはマイナスになりますので、やればやるほど損が膨らむというのがわかると思います。

第2章

1ドルが60万ドルに化ける資本主義のパワー

〈第１話〉人間の欲求が生んだ資本主義

月が変わり、最終金曜日の夕方、木村隆一は外回りから戻り、営業日報を書いていた。すると、隣に座っている2つ先輩の高田から飲みに誘われた。

いつもなら「ぜひ行きましょう！」と即答するのだが、今日は先生のところに行かなければならない。お酒の誘惑をぐっと我慢し、

「すいません、ちょっと嫁が風邪でダウンして帰らなきゃいけないんすよ」

と返した。

「それは帰ったほうがいいな」

とすぐ他の後輩に声をかけてくれたので、ホッとした。

隆一の会社は秋葉原にあるので、ＪＲに乗り、新橋に向かった。先生のいる日比谷神社

は新橋の飲み屋街のすぐ近くで、先生はなんでわざわざこんなところにいるんだ。もっと静かなところでもいいのに、と独り言をブツブツ言いながら、向かった。

神社の横の階段を降り、ドアをノックすると、先生が笑顔で迎えてくれた。

「よく来たね、時間通りだ。誘惑の多い金曜日の夜にちゃんと来るのはいい心がけです。投資で成功するには自制心が必要ですから」

思いがけず褒められたのでつい、「当然じゃないですか、せっかく先生に認められたのですから」と馴れ馴れしく答えた。

「まだ認めたわけではないですが、君の熱意は買いましょうか。**意志ある所に道は開ける、**ですから」

先生はこの前と同じように、挽きたてのサントス豆で淹れたコーヒーのカップを持ち、ソファに腰を下ろした。隆一はアメリカンキルトのカバーがかかったソファに座る。今日はどんな話が聞けるのかと気持ちが高ぶってきた。

「ところで、あなたが先月来てから1か月経ちましたが、何か変化はありましたか」

「そういえば、妻に投資とギャンブルの違いを説明しようとしたんですが、そんなことよりも給料を上げる努力と方針を説明してほしい、と言われましたよ」

「なかなかあなたの奥さんも強いね」

先生は愉快そうに笑った。

「先生、笑い事ではないですよ。妻にも理解してもらえるように知識を身につけたいです。妻に説明をしていて何か上滑りしている感じでした。きっと、私自身がまだ腑に落ちてないから、妻にも伝わらないんだな」

と隆一は自分を納得させていた。

先生はコーヒーを一口飲む。そして、

「まだ1回来ただけですから、腑に落ちていなくて当然だと思います」

と続けた。

投資の基礎体力の上げ方

「先生、なんでも基本ってあるじゃないですか。僕は中学、高校と野球をしていたのですが、上手な選手ってやっぱり基本を大切にしていたんですよね。僕なんか練習が終わればすぐに帰っていましたけど、レギュラーを張った奴らは、残って走り込みとかするんです。下半身を鍛えているわけですよ。これと同じように、**投資における走り込み**、みたいなものってあるんでしょうか」

「投資における走り込み、ですか」

先生は少し視線を下に落とし、続けた。

「それなら、やはり資本主義について理解をすることです。前回来たときの最後に、次回は資本主義の仕組みについて学びましょう、と話しましたね」

「ちょっと待ってください。私は別に学者になりたい訳ではないです。資本主義なんてそんな大それたものを理解できませんよ」

隆一の中では、「投資」と「走り込み」と「資本主義」という言葉が、かけ離れていてうまく繋がらない。

難しいことを学ばなければいけない気配にも怯んだ。

「学術的な話をしようというわけではありません。それは学者にお任せすればいい。ただ、**私たちが暮らす社会と経済の仕組みをきちんと理解することが、君が言う『投資における走り込み』に当たります。**野球やスポーツなら下半身強化、ビル建築なら基礎工事でしょうか。これを抜きにすると、投資を小遣い稼ぎの手段としてしか考えられなかったり、あるいは、投資なんてしなくてもいいや、と尻込みしがちです。これでは、**長期投資のメリットを享受することは難しいでしょう**」

「長期投資のメリット？」

隆一はなぜかその言葉が引っかかった。

「こわい」はどこから生まれるのか？

「**米国株は過去20年間で3倍になっているという話**を覚えていますか」

「もちろん覚えています。さすがアメリカンドリームの国ですね。日本は20年も横ばいなのに」

「**長期投資というのは、この20年間で3倍になるリターンを享受すること**です。ただこれは言うは易し、行うは難しで、10年、20年と投資を継続できる人はそれほど多くはありません」

「え、そうなんですか？　最初に買ったら、あとはずっとほったらかしにしておけばいいだけですよね」

隆一は自分がかつて短期売買で毎日、右往左往していたことをすっかり忘れていた。

「飛行機に乗って大きく揺れると、もしかして墜落するのではと不安になりますよね」

「あれは怖いですねぇ。そもそもあんな巨大な鉄の塊が飛んでいることが不思議なんですから」

「でも、機長やキャビンアテンダントたちは、飛行機は揺れることはあっても簡単には落ちないことを理解しているので、動じないのだと思います。**投資も同じで長期的に投資を続ける中で、一定の揺れは必ずやって来ます。それを乗り越えるのに必要な知識の1つが資本主義への理解です。**その知識が投資であなたが成功する確率を上げることになります」

「先生、わかりました。資本主義の仕組みを理解することが、投資で勝つための基礎なのですね。それがわかっていればうまくいくのであれば、できる限り付いていきます。資本主義のことを教えてください」

「よろしい。ではまず、今世界のほとんどの国が資本主義を採用しています。欧米ばかりでなく、中国も国家資本主義や社会主義市場経済などと言われます」

「でも先生、書店では『資本主義の危機』とか『資本主義の終焉』といったタイトルをよく見かけます」

「確かに、**資本主義の限界を指摘する声はあります。**でも見渡せば世界中のほとんどの国が資本主義です。私は、それには理由があると思っています。1つは、これまで資本主義の国では社会全体の富が増え、株価も上がり、そこで暮らす人々の所得水準も上昇してきたからです。もう1つは、資本主義の成り立ちに関わることですが、資本主義は、社会主義のように思想家の理念や理想から生まれた仕組みではありません。**理想ではなく人々の現実生活での欲求が創り上げた仕組み**です。18世紀末から19世紀にかけて近代工業化を成し遂げたイギリス、フランス、ドイツなどの西欧諸国では、経済社会が大きく変わって、『産業革命』と呼ばれたことは学校で習いましたよね。**『資本主義』というのは、その西欧で大きく変化した経済社会の現実を表現するために生まれた言葉です**」

理想ではなく、欲求と現実から生まれた仕組み——。

隆一は、もう少しで理解できそうな気がして、先生に質問をした。

「誕生の経緯はわかりました。でも、どうしてこれからも資本主義が続くのですか？」

「資本主義の仕組みを産み育てたのは、農村での自給自足から商工業の時代に変化したことで、何らかの仕事をして収入を得なければ食べていけなくなった人たちです。彼らには、あれこれ制約されずに自由に商売して、稼いだ利益で暮らしを豊かにしたい、という欲求がありました。**資本主義は、理想や理念ではなく、現実に対する本音の欲求が産み育てた仕組みだから生命力が強い**わけです。しかも、いろいろ悪く言う人がいても、それに代わる仕組みが現れていません。だから、結局、資本主義の基本的な仕組みは変わらず、私たちも資本主義の下で生活しているわけです」

隆一は、他に選択肢がないことに加えて、資本主義の強い生命力は理解できた気がした。

1ドルは、200年でいくらになった？

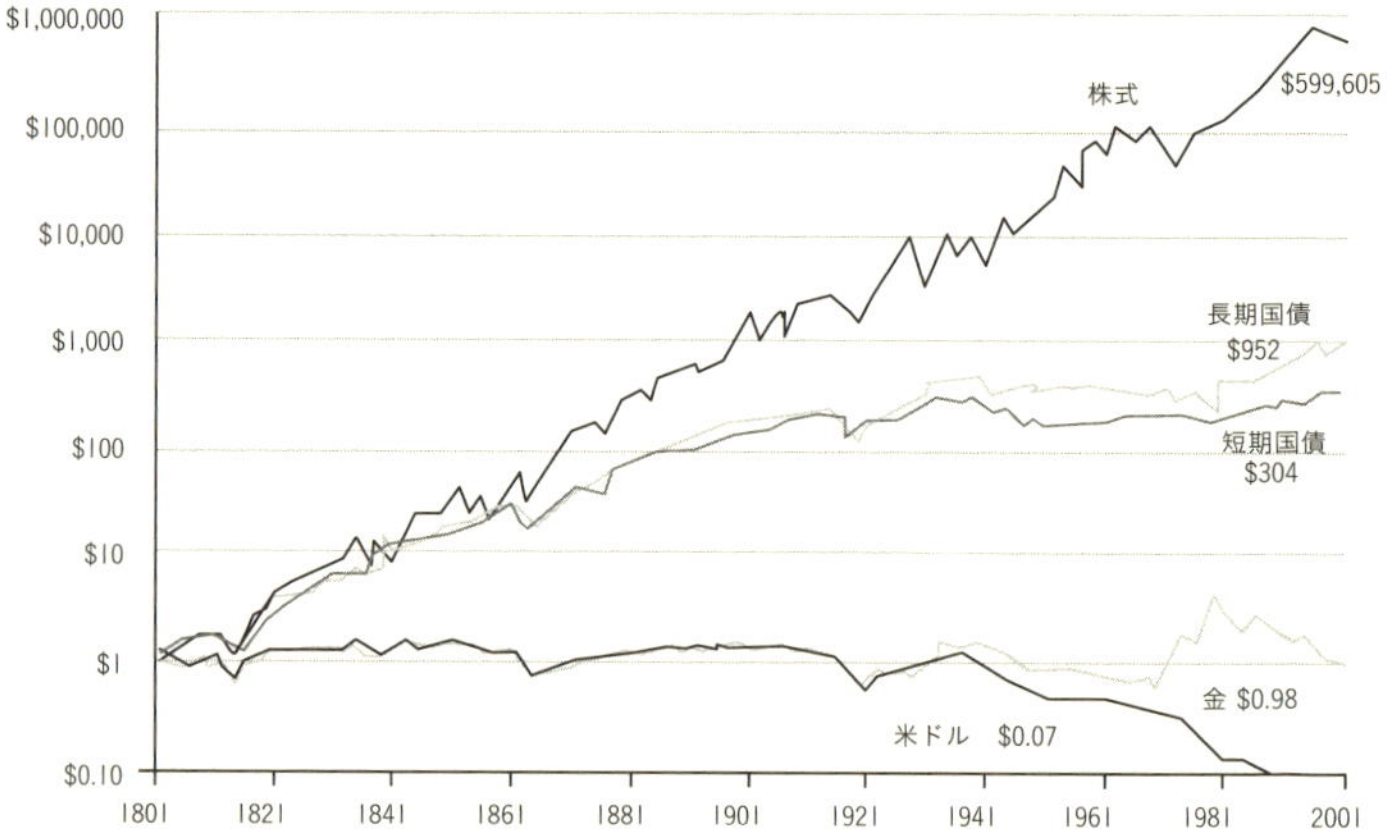

〈出所〉『株式投資第4版』(ジェレミー・シーゲル/ 日経BP出版)

〈第2話〉億万長者になるチャンスがある社会

「でも、資本主義を学ぶと、どうして長期投資で稼げる確率が高くなるのですか？」

先生は席を立ち、壁に貼ってあるグラフの近くで「ちょっとこのグラフを見てください」と隆一に声をかける。隆一も席を立ち、そのグラフの近くにいった。

「先生、何ですかこのグラフ、株のチャートのように見えますけど」

「これは約200年前の1801年に、当時の1ドルを株式、債券、金、現金にそれぞれ投資をしたら、200年後にいくらになっているかというグラフです」

「先生、この一番上の折れ線グラフ、株式は1ドルが60万ドルになったと書いてあるんですけど……。60万倍なんて、こんなことはあり得ないですよね」

隆一は「あり得ない」と何度も呟いた。

「このグラフを最初に見た人はほぼ全員あなたと同じ反応をします。ただ、これが長期投資の成果であり、**1ドルが年利7％で200年経つと60万ドルになるのです。**そして、このお金がお金を産む、をもう少し正確にいうと、〝資本が資本を産む〟のが資本主義の考え方です」

「よく**お金持ちはさらにお金持ちになる**と言われるのは、こういうことなんですね」

隆一は妻が「お金持ちになって、一度ぐらい新宿の伊勢丹で値札を見ずに洋服を買ってみたい」と言っていたのを思い出した。

「そう、この**資本主義のロジックを理解すればするほど、お金持ちになる確率は高まる**のです」

先生が強調すると隆一の目が急に輝き出した。今、この瞬間、彼のやる気スイッチが入ったことは、誰の目からも分かったはずだ。

小学生に勉強をすることの大切さをとうとうと伝えるより、テストでいい点数を取ったらニンテンドースイッチを買ってあげるというニンジンをぶら下げたほうが効果的なときもある。勉強の意味は後から分かるものだ。

資本主義を支える2つのエンジン

先生は隆一にスイッチが入ったのを確認して、続けた。

「株価が上がるのも、この資本主義という土俵の上で、企業が自由に経済活動をできるからです。**資本主義は『経済行為の自由』と『生産財と財産を個人で所有できる』を基軸とする社会**です。資本主義という飛行機が力強く飛び続けるのは、この強力な2つのエンジンがあるおかげです」

先生は語気を強めた。

「資本主義社会において、起業をするのか、会社に勤めるのか、どの職業に就くかは自分の意思で決められますね。また、稼いだお金は自分のものであり、自由に使い方や貯め方を決められます。金融資産や不動産だけでなく、それが工場（機械）や田畑のようにビジネスに使う生産財であっても自由に所有できます。会社の株も自由に保有できます。働く場である企業は、軍隊や政府が支配するのではなく、資本を提供した株主が経営権を握り、人事も、経営方針も、利益配分も、資本を出した人が決められるのが資本主義の社会です」

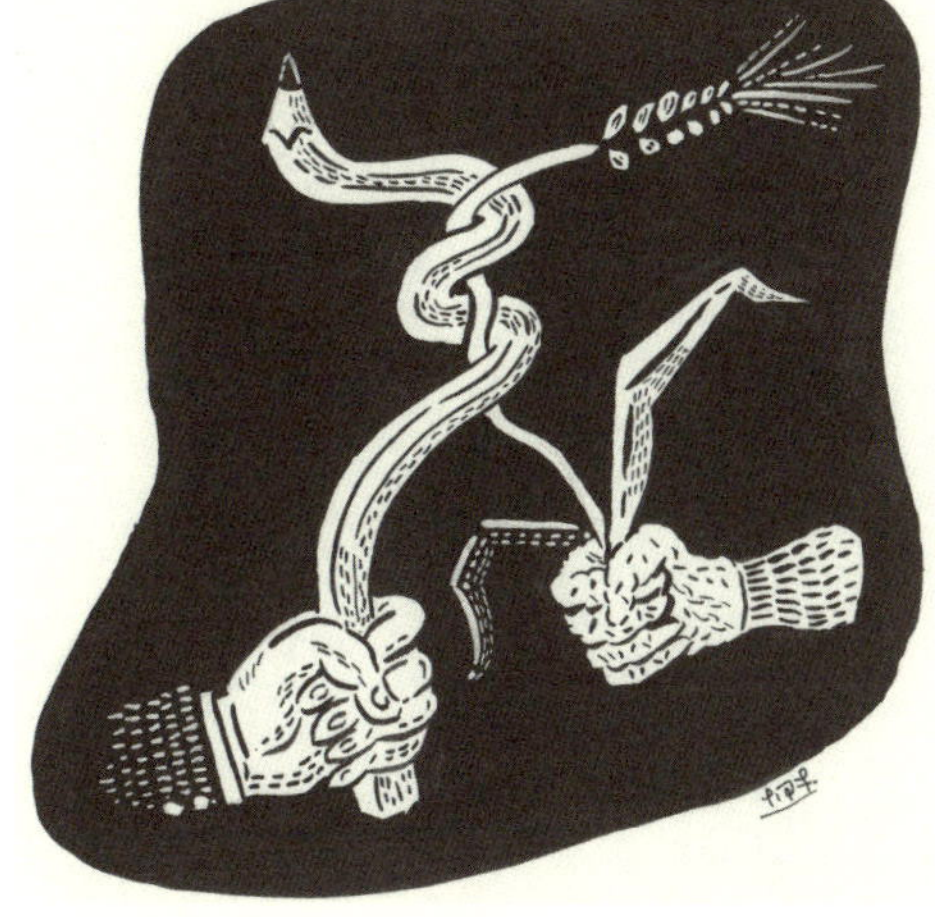

人間の欲求が資本主義経済をつくる

「先生、つまり資本主義の世の中は〝自由〟ということでしょうか」

「そうですね、尾崎豊も自由を歌いましたが、もしコインの表を自由とすると、裏には〝自立と責任〟があるというのが資本主義です。資本主義は、おカネの稼ぎ方、使い方が自由な社会ですから、それはすなわち、豊かになることも貧しくなることも自由というわけです。**努力次第で億万長者になるチャンスがある社会ですが、自助努力と自己責任が伴う**、ということです」

隆一は、自助努力と自己責任ですか、嫌な言葉ですね、とつぶやき、

「自分が安月給なのは、自助努力が足りない、つまり自己責任ということですか？」

と、先生に突っかかった。

「それについての答えは私には出せませんが、**今の状態はあなたがこれまで自由に選択をした結果**だ、ということは少なくとも言えると思います」

誰でも豊かになれるチャンスがある社会だといわれても、隆一にはピンとこない。自分には、そんなチャンスは巡ってこなかったし、探そうともしなかった。隆一は大学を卒業し、今の会社に就職した。あまり周りと比べることはしないが、仕事自体は好きなので会社というシステムの中で生きていれば何とかなるのでは、と思っている自分がいる。

先生はそんな隆一のバックグラウンドを知ってか知らずか、資本主義のプラス面を語り始めた。

「資本主義というのは、人間の奥底にある欲望をエネルギーに変えていく仕組みです。アダム・スミスの言葉に〝**我々が食事ができるのは、肉屋や酒屋やパン屋の主人が博愛心を発揮するからではなく、自分の利益を追求するからである**〟とあります。つまり、資本主義経済を機関車とすると、その燃料が人間の欲望になるわけです」

「先生、では共産主義や社会主義はなぜうまくいかなかったのでしょうか？」

「それは政府が経済活動をコントロールし、自分だけ豊かになりたいという欲望を制約したり、平等に分配をしたりした結果、人は今日より明日のほうが良くなりたいという欲望を失い、機関車はその動力をなくしてしまったからです」

「富の分配を平等にし過ぎるのも良くないのか。私も仕事をしてもしなくても給与が変わらないなら、間違いなく仕事へのモチベーションは下がりますね」

「お隣の中国がいい例です。90年代に市場経済を導入してからの中国の発展は、周知の通りです。かつては中国人が銀座に数十台ものバスを停めて、三越で爆買いするなど誰も想像できなかったでしょう」

投資という形で社会に還元する

「実は、資本主義の話をするうえで、ぜひあなたに理解してもらいたいことがあります。それは、資本主義では、あなたのような人でも社会を支える立派な一人である、ということです」

先生は子を見守る親のような顔で言った。

隆一は、「あなたのような人」という言い方にひっかかりはしたが、それでも悪い気はしなかった。

「僕も立派な人……」

「もちろんです。あなたが稼ぐことは自分の生活のためでしょうが、**どんな動機でも、あなたが稼げば社会の富は増えるからです。会社のために働き、稼いでいる君は、ちゃんと社会のお役に立っているということです**」

隆一は、何かおだてられているような感じがしたので、「先生、結局もっと働きなさいということじゃないですか？」とごまかした。

「もちろん、単にもっと働けといっているわけではありません。ただ、お金を稼ぐことを肯定的に捉えてほしいということです。もっと言えば、きちんとお金を稼いで暮らしているあなたは道徳的である、と誇りを持ってほしいということです」

「誇りをもて」といわれても、家族からも、会社の上司や同僚からも、そんな扱いを受けた記憶はない。先生は続けた。

「誰かが働いて財やサービスを生んでいるから、私たちが豊かな消費生活を送れることは、中学生でも理解できるでしょう。そして、**企業が設備投資をして生産活動ができるのも、そのためのお金を誰かが投資しているからなのです**」

そんな話を昔、学校で習ったような気がするが、隆一にとってはどこか他人事でしかなかった。先生は、そんな様子を見透かしていた。

「要は、私たちが稼いで豊かになろうとすることは、決して自分だけのためのエゴイスティックな行為ではなく、むしろ社会のための行為であり、その欲望によって資本主義という機関車は進化していくのです。逆にいえば、**健全で活力がある社会を保つには、稼いで自分の資産を増やし、その資産を投資という形で社会に還元していく人が増えるほうがいい**、ということになります」

隆一は、もう一度、1ドルが60万倍になった米国株のグラフの前に立った。そして、この右肩上がりの曲線は、一部の偉大な起業家だけで作られたのではなく、そこには企業で働く自分のような人間も貢献していることを理解し始めた。

〈第3話〉
投資で儲けたお金は汚い？

今度は、「稼ぐ」という言葉が隆一の頭の中でグルグル回り始めた。自分も、もっと稼がなきゃいけないのかなと思う半面、稼ぐばかりが人生じゃないとも思う。

週末はゆっくり寝ていたいし、家族とショッピングモールにも行きたい。もっとも、妻は週末も資格の勉強などをして、もっと私に稼いでもらいたいと思っているかもしれないが……。

「稼ぐというと、『もっと働け！』と言われているように聞こえるかもしれません。特に長時間労働が習慣のようになっている日本人にしてみれば抵抗があるでしょう。もちろん私は、そんなことを言っているのではありません」

それを聞いて、隆一は少し安心した。

「資本主義では確かに『稼ぐことは善』ですが、でも稼ぎ方は労働ばかりではありません」

「というと、投資……ですか？」

「そうです。企業は投資家からお金を集めて、設備投資をしたり人を雇ったりします。そして、そこで生み出された利益は、株主（投資家）と従業員に分配されます。あなたが投資家になれば、**労働の対価**と**投資の対価**の両方を受け取れます。つまり、**ハイブリッド社員になるのです**」

「ハイブリッド社員？　はじめて聞きました」

「そう、ハイブリッド車がガソリンと電気の2つで動くように、あなたも給与と投資の両方で資産を増やすのです」

お金に働いてもらいたい

さらに、先生は続けた。

「経済成長とともに働く人の所得も増加した高度成長期とは違い、いまは賃金が上がりにくい時代です。一方で、企業は配当金や自社株買いによる株主への還元を増やしています。**〝株主資本主義〟になりつつあるのです。**私たちには労働を通じて所得を得るだけでなく、投資をして資本の対価をもらう株主になる手があるわけです。個別の企業の株に投資したり、それらの株を束ねた投資信託を保有するのは、まさに株主側に立つ行為です。投資を通じて自分も社会も豊かになれることが、資本主義の最大の魅力です」

「そういえば、会社の上司が『**お金にも働いてもらう**』と言っていたことを思い出しました。銀行に預金していてもお金は働いてくれないので、投資を通じてお金に働いてもらえばいいんだと」

隆一がそう言うと、先生はうなずき、コーヒーをうまそうにひと口飲み、続けた。

「日本人の中には、**汗水たらして働いて得たお金は貴いが、投資で得たお金はあぶく銭、あるいは不労所得**のように言う人がいますが、

まったくの勘違いです。どちらで得たお金も貴いお金なのです」

儲けたお金でいい生活をしたい

話が核心に迫ったとみえ、先生の口調は熱を帯びてきた。

「では投資を通じて、経済的に豊かになろうとすることの意味を考えてみましょう。多くの人は、大金持ちになりたいわけではなく、もう少し余裕のある生活をしたいと思っているのだと思います。あなたもそうではないですか？」

「その通りです！」

と隆一は力強く答えた。

「それで結構！　お金を欲しがるのは決して恥ずかしいことではありません。稼ぐことで世の中の役に立つことが、資本主義の考え方です。もちろん、そこには稼ぐことで自立しよう、社会に役立とうという倫理観があるはずだ、という前提があります。その倫理観がないと、投資も単なる小遣い稼ぎになります」

「急に倫理観なんて話が出てくると、ちょっと混乱します」

と隆一は正直に話した。

「資本主義は金儲けをする人を当然否定はしません。ただ、近江商人のいう〝三方よし〟に代表されるように、**自己の利益、顧客の利益、社会の利益が一致しないとそのビジネスは永くは続かないのも事実**です」

隆一は確かにその通りだと思った。仕事でも、顧客が本当に満足するような商品を扱っていないと、会社は生き残っていけないだろう。

投資をすることで社会に役立ち、さらに自分の資産も増える仕組みがあるならば、知りたいと感じた。

このように思ったこと自体、隆一にとっての静かな変化だった。

人生の選択肢を増やすための投資

先生は、話をまとめるように言った。

「さきほど、投資は単なる金儲けではないと言ったのは、稼ぐことは自由を得ようとすることでもあるからです。福澤諭吉も『**経済的な自立なしに人格的な独立も自由も達成できない**』と言っています。実際、年収がアップしたおかげで人生の選択肢が増えた人は少なくありません。お金があれば趣味も広がりますし、子供の教育にお金をかけることもできます。逆に、お金がなければ、家庭を持ちたくとも結婚もできないのが現実です。自由になって自己実現を達成したいという強い欲求が経済を活性化させるのです」

隆一は得心したように言った。

「投資とは、人生の選択肢を増やし、自由を得る手段なのですね。先生、それはありがたいです。新橋でせんべろばかりでなく、美人女将のいる銀座の小料理屋に通ったり、一流シェフのいるフレンチで食事ができたりしますね」

先生は、

「もちろんそのような動機も否定するものではありませんが」

と返しながら、まあ最初はこんなものかと独り言を言った。

〈第4話〉投資で痛い目にあわないための知識

「資本主義にはプラス面とマイナス面があります。マイナス面が出たときには、経済もマーケット環境もそれによって短期的な影響をかなり受けます。リーマンショックのように、株価が半年で半分になるようなネガティブなインパクトが出てしまいます」

「リーマンショックは覚えています。うちの会社もだいぶあおりを食いました」

先生は、ふむとうなずき、話を続けた。

「資本主義は富裕層ほどその恩恵を、貧困層ほど弊害を感じやすい社会です。だから、**恩恵と弊害がバランスよく反映される中間層が多数を占めないと、資本主義は不安定化**します。しかしながら、『少数の富裕層』と『多数の貧困層』という貧富の格差が大きい社会になれば、資本主義の恩恵より弊害を感じる人のほうが多くなって、反資本主義の人々が増えます。社会が分断されたり、暴動、テロなどが起こったりするわけです。リーマンショッ

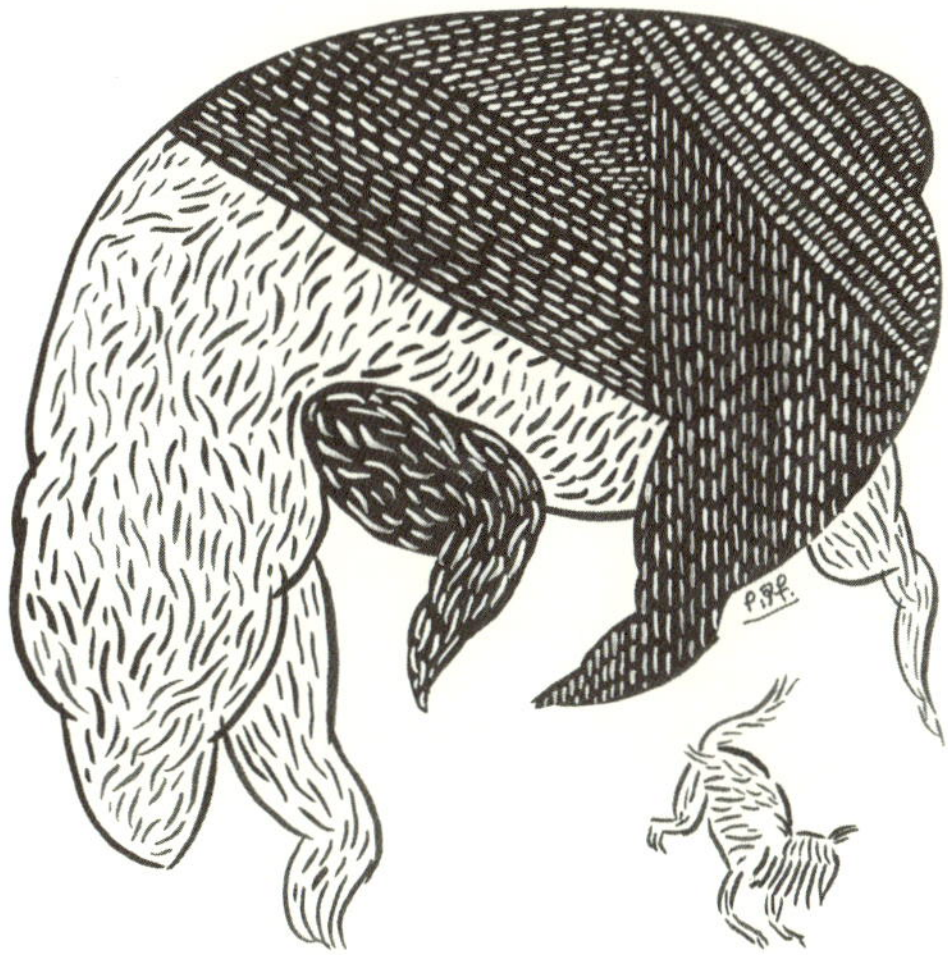

クのあと、ウォール街では大規模なデモが起こりました。これは、『どうして、資産額トップ1%の富裕層が経営する金融機関を、一般庶民の税金で助けなければいけないのか』という怒りの表れでした」

いち庶民である自分にとっては共感できる話だった。

「それだけでなく、バブルが起きやすいこと、経済格差をもたらすこと、そして自由に商売ができる半面、不正や不公正も起きやすいことなどが、資本主義のもたらす典型的な弊害です」

「先生、資本主義の弊害と、投資はどう関係するのですか？」

「まだわからなくて構いません。私は今、あなたの知識の点と点を線で繋げて、それを面にしていく作業をしています。いまは一見、投資と関係ないと感じる知識をインプットしている段階です。ただ、必ずこの作業の意味が後でわかるので、ここは我慢をして聞いてください」

営利と倫理は一体である

先生は話を続けた。

「資本主義を学ぶ意義は、何も社会の仕組みを理解することだけではありません。**『善き生活習慣』を学ぶこと**にもなります」

おいおい、経済の話ならともかく、生活習慣って。さすがに訳がわからんぞ…。

隆一は、たまらず聞き返した。

「善き生活習慣って何ですか？」

「たとえば、ヨーロッパで近代資本主義社会を創り上げた人々が体現していた精神を、『資本主義の精神』と呼んでいます。働くのは、お金を儲けたいとか、贅沢をしたいという動機からではなく、勤勉と倹約という生活習慣が尊い生き方であり、豊かになるのはその結果に過ぎないと考える倫理観です。日本人にも、『働くことそのものが尊い』『倹約はケチとは異なり、家を治め、身を修めること』という類の伝統がありました。その倫理観があるから、日本がアジアでいち早く近代資本主義国家を築き上げたという見方もあります。いまは『働き方改革』や『ワークライフバランス』などと言われて、勤勉と倹約という道徳律はあまり流行りませんが、資本主義とは単なる営利活動の仕組みではなく、渋沢栄一が〝論語とそろばん〟と表現したように**営利と倫理は一体である、**ということです。日本の〝資本主義の父〟と言われた人物の言葉ですよ」

隆一は先生の話についていくのに必死だ。

「私が言いたいのは、勤勉に働くこと、節度を持った生活をして世に役立つことこそ価値ある人生であり、そうした暮らし方を貫く一環として仕事をし、投資をするほうが長続きするし、成功への近道でもあるということです」

「先生、『稼ぐことは善』と言ったくせに、『投資でお金を儲けたい』ではなぜ、いけないのですか？」

いらだつ隆一を遮るように先生は続けた。

「あなたが、**投資で痛い目にあわないため**です。投資で結果を出すことは重要ですが、それだけでなく、投資という行為を人生の中できちんと位置づける倫理観を持たないと、そもそも投資の勉強にも身が入らないし、**実際の投資で直面するマーケットの短期変動にメ**

ンタル面でも対応できないからです。つまり、すぐ動揺して売却したり、逆にもっと儲けたいと過剰なリスクをとってしまうことになります。それでは**長期投資**なんてできるわけがありません。私は目的と手段をはき違えて投資で失敗した人をたくさん見てきました。あなたにはそうなってほしくないですね」

〈第5話〉リスクから逃げるか、可能性に賭けるか

まだ資本主義の話は終わらないのか…？　隆一は少々飽きてきていた。

「実は、もう一つ、投資を学ぶ上で知っておいて欲しいことがあります」

「えっ、まだあるんですか？」

「前回、アメリカ人と日本人の金融資産の違いを説明しました。投資比率が高いアメリカ人に比べて、日本人は預貯金に資産が偏っています。それはなぜでしょうか？」

「投資で損をするのがイヤだからではないですか？」

「ビンゴ！　**日本人は『投資にはリスクがある』**と考えるからです。しかし、**アメリカ人は『投資しないのがリスク』**と考えるのです。どちらが、正しいというわけではありません。ただ、投資に限らず、**資本主義とはリスクに向き合うことで豊かに暮らすことができる社会**であることは理解しておくべきです」

「先生、話が抽象的で、よく分かりません」

「話を急ぎすぎましたか。まず、リスクという言葉ですが、リスクというと『危険』と訳してしまうのが日本人ですが、〝将来の結果が確定しておらず変動すること〟、あるいは〝結果が不確実である〟くらいに理解しておきましょう。**投資とは、まさに不確実な将来に向けて現在の資金を投じる行為**です。投資したお金がどれくらい戻ってくるか、将来のことは誰にも分からない、確定していない――これがリスクです。でも、『**確定していないから不安**』**と考えるのか、『確定していないからこそチャンスがある』と考えるか**では、大きな違いがあります。資本主義とは、仕事でも投資でも確定していない将来に向けて労力やお金を投じる人に、大きなリターンを与える社会です」

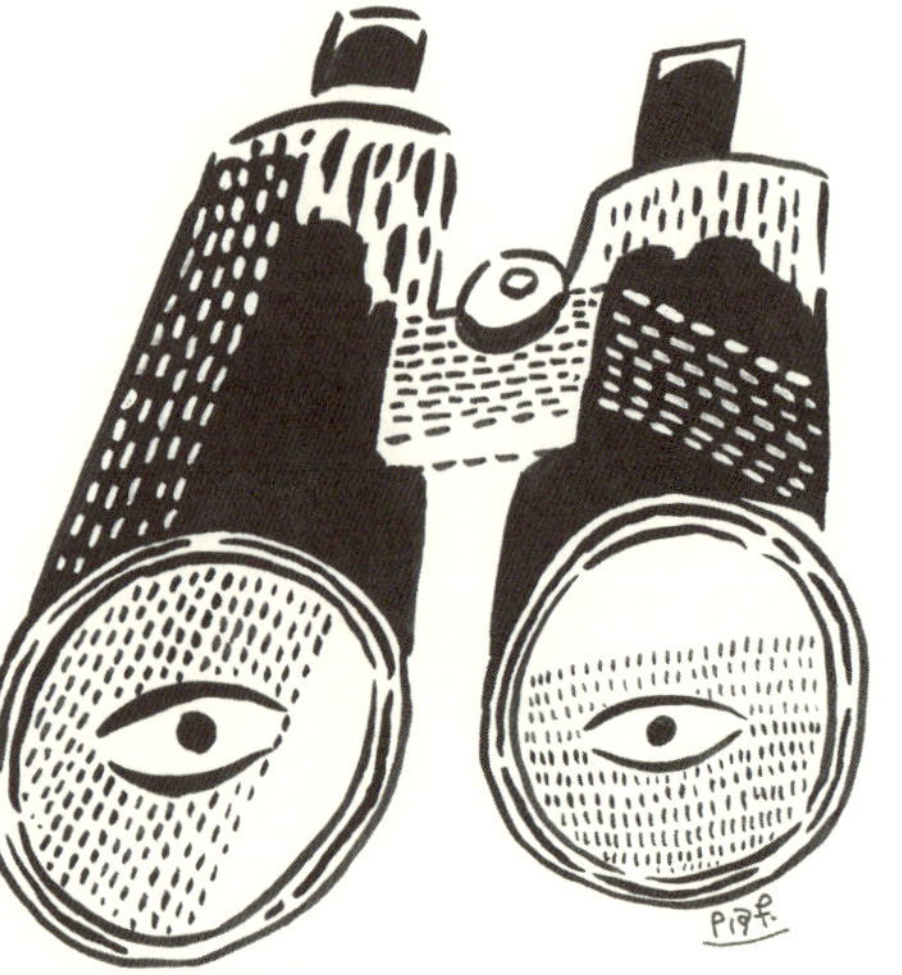

なぜアメリカ人はリスクに積極的なのか？

なぜ、アメリカ人はリスクを積極的にとることができるのか、隆一にはよくわからなかった。

「先生、アメリカでは優秀な人は起業をして、日本のように大企業に入ることはステータスではないと聞きました。このことと、リスクや米国株の成長は関係ありますか？」

「まさにそこです。アメリカはその成り立ちからして自力で土地を開拓し、ビジネスを立ち上げてきた社会です。**リスクに挑んで、豊かになろうとすることはごく当たり前の人生モデル**です。日本人のように働いて得たお金はきれいなお金、投資の成果は汚いお金などという先入観を持っていませんから、ビジネスで豊かになることも、投資で豊かになることとも区別はありません。また、アメリカは長期間に渡って経済成長を続けていることから、仕事も投資も継続すれば豊かになれるという成功例が友人や家族などの身近に、いくらでもあるわけです。アメリカが最も資本主義の恩恵を受けてきた国である所以はここにあります」

「どうしてアメリカは成長を長期間維持できるのですか？」

「世界中の優れた人が集まり、イノベーションが起きやすい社会であることが大きいと思います。自由で誰でも豊かになれることをみんなが分かっている社会だと言えますね。産業の新陳代謝が活発で、ＩＴやバイオばかりでなく、時代の先端を行く企業が次々に生まれるのもそのためでしょう。現在のアメリカの株高をけん引している**ＦＡＮＧ（ファング）とよばれるフェイスブック、アマゾン、ネットフリックス、グーグルが分かりやすい例**ですが、これらはすべて80年代には存在していない会社ばかりです」

「私もこれらの４社のサービスはよく使います」

「彼ら起業家は、何の保証もない将来に向けて、知恵を駆使して、懸命に働いた人々です。つまり、リスクを恐れず、リスクに真正面から向き合って成功してきた人たちです。**リスクを取る人々が報われるので、リスクを取る人が後に続き、経済が成長をし、株価も上がっていきます**」

リスクを正しく受け入れられるか？

「先生、それはそうでしょうが、失敗を恐れ、損をするのは嫌という感情も、人の自然な感情じゃないでしょうか。僕も安定した暮らしがしたいし、投資でなけなしの貯金がなくなったらどうしようか心配です」

「むろん、起業も投資も財産を失う可能性があるわけですから、儲けたいからといってむやみやたらにリスクをとってはいけません。だからこそ、リスクをとらずに預貯金しかしない人よりも勉強しなくてはいけないし、メンタルも鍛えなければならないのです」

「運だけで稼ごうとしてしていた自分の浅はかさはよくわかりました。必要なことを学ぶ必要がありますね」

隆一は、チャイナショックで痛い目にあったトラウマから資本主義のマイナスの側面ばかりを追ってきた自分を少し後悔したが、それ以上にプラスの面に対して自分が思いのほか共感できたことが心地よかった。

これが投資に対する考え方の軸になるのかもしれない、という明るい予感を抱きながら家路についた。

「投資」と「お金」のコラム②

資本主義社会において長期投資をすることの最大の魅力

米国にキャピタルという運用会社が運用する投資信託があります。1973年にこの投資信託に100万円投資をした場合、45年後の2017年末には約5000万円になっています。

これが長期投資の効果です。しかも、この45年の間には、2度のオイルショック、湾岸戦争、イラク戦争、9・11、ITバブル崩壊、リーマンショックなど、戦争や経済危機が頻繁に起きていました。

こうしたネガティブなイベントをものともせず、投資した100万円は円ドルの為替レートが1ドル300円から1ドル100円に円高になっているにもかかわらず、100万円が50倍の5000万円になったのです。

この例は、資本主義において、長期投資をすることの魅力を伝えています。しかし、日本に長期投資が根付かないのはなぜでしょうか？
妨げる要因の1つがメディアの報道です。私たちの目や耳にはネガティブなニュースの方がよりインパクトをもって入ってきます。トランプ大統領の発言や米中貿易戦争、北朝鮮問題などが大きく取り上げられ、世界経済への先行きに不安を覚えるような情報が氾濫しています。

2章で紹介しましたように、資本主義についての理解がないと、長期投資を継続することは不可能です。アメリカ人が長期投資によってお金の心配をせずに、リタイアメント生活を謳歌できているのは、多くの人が若い時から資本主義の本質を理解し、コツコツと投資を継続してきたからなのです。

第3章

バブルと投資の関係。儲かる仕組みが分かった

〈第1話〉
長期で見れば株価は上がる。本当か？

金曜日の夕方、隆一はいつものように営業日報を書いていた。

するとまたしても先輩の高田が飲みに誘ってきた。

「高田さん、ちょっと今日は取引先の新任課長の歓迎会をしようということになっていて」

「そうか、それなら仕方ないな。よろしく頼むわ」

隆一はこういう言い訳を毎月しなければいけないと考えると気が重くなったが、「ま、いけるところまでいってみよう」と思い、会社を出た。

いつものように新橋駅で下り、飲み屋街を抜けて先生のいる日比谷神社を目指す。ドアをノックすると先生が迎えてくれた。

「今日で3か月目ですね。時間通りに来て立派ですよ！」と先生は言って、今日はマイセンのカップでコーヒーを淹れてくれた。

「さて、先月の資本主義の話を奥さんにしましたか？」

「前回の金曜、帰宅したらまだ妻が起きていたので、『今日は資本主義の話を聞いてきたよ』と言ったら、『え、シフォンケーキ、買ってきてくれたの？』と、返ってきましてね」

先生はコーヒーを吹き出しそうになりながら、

「ケーキの用意までできていなくて悪かったね」

と愉快そうに答えた。

「ところで、先生。前回のお話で、資本主義というのは人間の欲望をエンジンとしながら成長をしていく。だから、米国株は1ドルが60万ドルに増えた。ここを理解することが投資で成功する秘訣だということは分かりました」

先生は、今まで聞いた知識を結びつけて説明をしようとする隆一に成長を感じた。

「ただ、まだ理解しきれていないのが、**どうして株式というのはそれほど長期で値上がりをしていくか**というところです」

「では今日は次のトピックに入る前に、株式会社について説明します。池上彰なみにわかりやすくがんばってみましょうか」

「先生、自分でハードル上げていいんですか？」

と隆一は茶化したが、先生は気にせず、そして隣の部屋からホワイトボードを出して、話し始めた。

株式会社は誰のものか?

「まず質問です。世界で最初の株式会社は?」

「東インド株式会社でしたっけ。歴史の授業で習ったやつですね」

「正解。オランダのこの会社がはじめてだと言われていますね。1602年、徳川幕府が発足する1年前に設立されています。では、**なぜこの時期(17世紀)にヨーロッパで株式会社が設立されたのか。**これを知るにはその時代背景を簡単に見ていくと分かりやすいです」

先生は話を続けた。

「この時代のヨーロッパは大航海時代と呼ばれ、15世紀にバスコ・ダ・ガマが喜望峰ルートを開拓し、インド、アジアへの航路が開かれ、コロンブスは西を目指しアメリカ大陸を

大航海時代、探検家はコショウで大儲けした

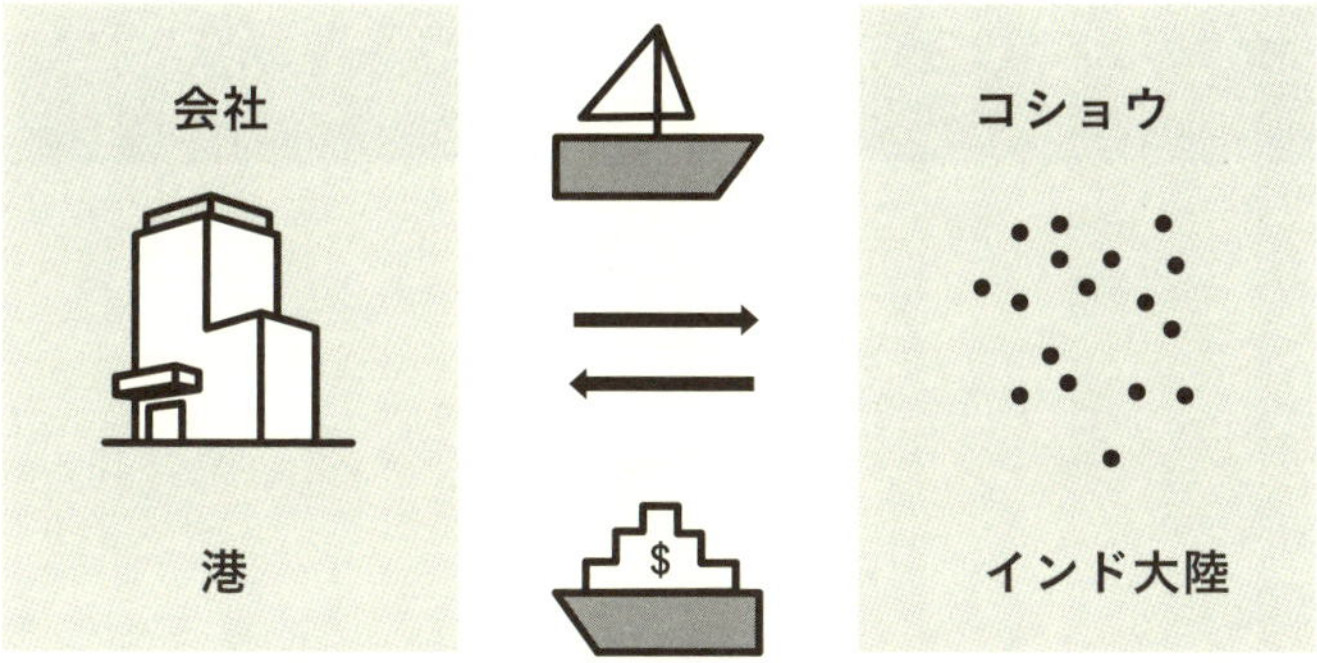

発見しました。そして探検家たちはこぞって航海にくり出し、主にコショウなどの香辛料をヨーロッパに持ち帰り、莫大な利益を得ました。当時はコショウの数をピンセットで一個一個数えたと言われるほど貴重なものでした。ただ、その航海は、難破や海賊からの襲撃、疫病への感染などリスクも高く、何割かの船は戻ってこなかったくらい危険なものでした。しかし、**貧しくとも勇気と幸運に恵まれれば、有り余る名声とお金が探検家に転がり込んできた**のです。

ちなみに、この時代の船乗りのことをイタリア語でリズカーレ（risicare）と呼び、この言葉がリスク（risk）の語源になったといわれています。ここまではよろしいでし

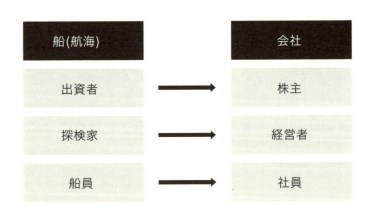

探検家は現代の経営者と同じ

船(航海)		会社
出資者	→	株主
探検家	→	経営者
船員	→	社員

ようか？」

急に池上彰らしき口調になった先生に隆一は笑いをこらえながら、

「へ〜、コショウはそれほど貴重だったんですね〜。リスクの語源がイタリア語だったとは初耳でした」

とTV番組の芸能人のようなリアクションをしてみた。

「では、探検家たちは船などをどうやって調達したのでしょうか？」

隆一は答えに詰まった。

「これは『パトロン』と呼ばれる探検家を応援するお金持ちがいたからです。ベネチアのメディチ家などはパトロンとして有名ですね。応援するといっても、寄付ではありません。航海が成功したあかつきには、きちんと利益配分を受け取ります。**出資者は出したカネが戻ってこないというリスクをとるかわりに、探検家への報酬、経費を除いたリターンを自分のものにする権利を得た**わけです」

「ここで3人の人物が登場します。ちょっと難しいかもしれませんが、所有と経営の分離です。探検家、出資者、船員です。当たり前ですが、出資者（パトロン）が船に乗って航海に出る訳ではありません。航海に出るのは探検家です。この出資者と探検家がいっしょではないところがポイントです。株主（出資者）というのは資本（お金）の出し手であり、会社は資本の出し手である株主が経営を支配する権利を持っている仕組みになっていて、経営者（探検家）はその代理人に過ぎません。ですから、航海で得た利益は基本的には必要経費（船員たちへの給料、探検家への報酬など）を除いてすべ

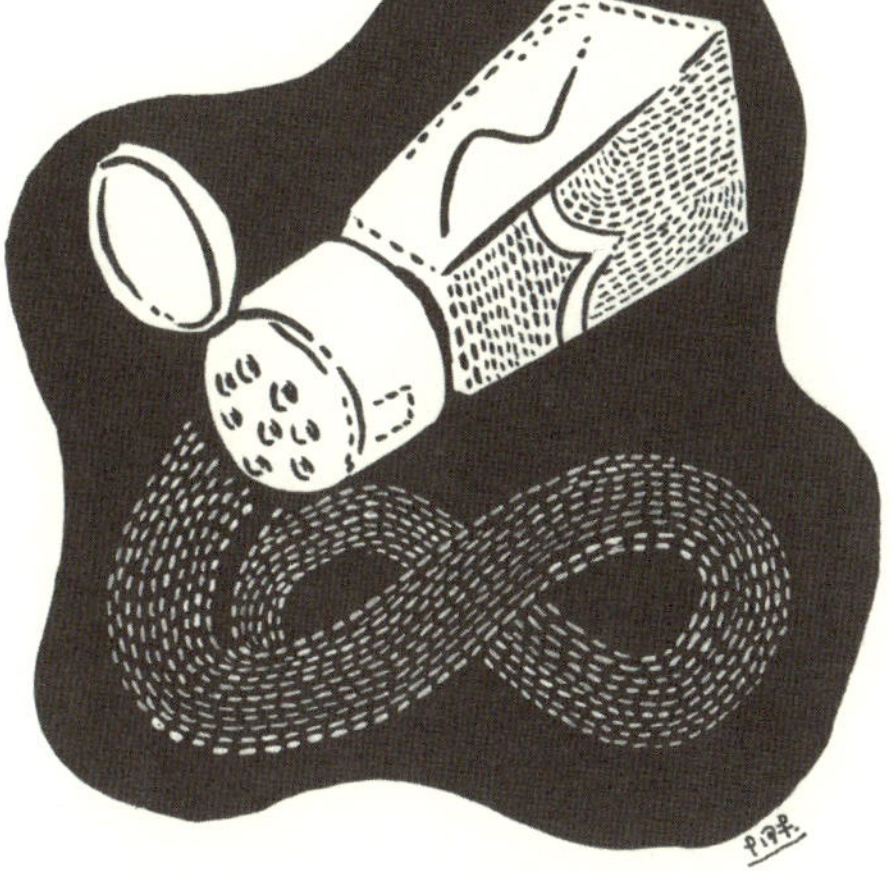

てが出資者のモノになります」

先生の絵を書きながらの説明に、隆一はＴＶ番組を見るように聞き入った。

「一度話をまとめましょう。まずリスクを取ってビジネスを起こしたいという起業家がパトロンからお金を集めるために、株式会社を作る。起業家はお金を出してもらいましたよという証拠に株式を発行する。その株式（証書）を持っている人が『株主』です。そして、起業家はそのお金を使って設備を買い、社員を雇い、事業を始める。うまくその事業が軌道に乗れば、起業家は利益の中から役員報酬をもらい、社員は給料とボーナスを受け取ります。**株主は出資比率（いくらお金をだしたか）に応じて配当を受け取ったり、株価の値上がり益を得ることができます。**つまり、株式での投資は、出資比率に応じて経営に参加でき利益の配分を受けられるということです。その利益をきちんと計算するため簿記が使われるようになります。また、その責任は有限で出資額以上のリスクはありません。そしてその株式を売却して現金にしたいという株主のために、証券取引所がつくられたのです」

「そういうことだったんですね。経営者、社員、株主、証券取引所の関係がつながってきました」

1株当たりの利益は増えているか？

「では、本題の『どうして株の価値は上がっていくのか』を考えてみましょう。むろん株価も、大根やマグロの値段と同じように、日々の需要と供給で決まります。その需給の背景にあるのは会社の価値です。その**価値を株数で割った、1株当たりの価値が株価**となります。ここでは簡単に、会社の価値を、会社の持つ**利益を生み出す力**として考えてみましょう。株主は、会社が儲けてくれればその分け前を得られるから、株を買うわけです。そうすると、株価の需給の背景は1株当たりの利益です。つまり、**需給で日々の上げ下げはあっても、長い目で見れば、1株当たりの利益が増えそうなら株価が上がる**ことになります。この点を具体的にお話ししましょう」

「お願いします」

「仮に、10人が100万円ずつ出し合ってネット広告の会社を設立し、1人が1株ずつ持ったとします。その時点での株価は、まだ何もしていないので1000万円／10株で、1

株あたりの価値＝株価は１００万円です。経営者は１０００万円の中から、パソコン、コピー機、机などを買い、従業員を雇ったとします。その後半年間はまったく利益が上がらず、通帳残高は５００万円に半減しました。この時点での１株当たりの価値はいくらですか？」

「５００万円／10株ですから、１株は50万円ですよね」

隆一は答えた。

「そうです。このままではマズいと奮起した結果、大口の顧客が見つかり、第1期目は売り上げが３０００万円、そこから給料などの販売管理費の１５００万円を引いたところ、利益は１５００万円で税金を40％払っても９００万円が手元に残りました。この会社の通帳残高は、５００万円＋９００万円で１４００万円あることになります。この時点での株価は、１４００万円／10株で1株は１４０万円。最初に１００万円出資した人は、ここで売れば40万円の利益を得られることになります」

「なるほど、会社の預金残高が増えるに従って株価も上がるのですね」

株式会社は複利マシーンである

「もう一つ大切なポイントがあります。**株式会社の仕組みは『複利』になっているという点です。**まずは『単利』と「複利』の違いについて簡単に説明しておきましょう」

「先生、わかりやすくお願いします」

「これまでの説明はわかりにくいと？」

「いえいえ」

「では、『単利』は利息をそのまま出すだけですが、『複利』は利息をまた元本に組み込みます。つまり100万円を10％複利で運用すれば、1年目に10万円の利息がでますが、それをまた元本に組み込むので2年目の元本は110万円になり、2年目の利息はその10％で11万円、またそれを元本に入れ121万円になるというように増えていきます」

「複利とは魅力的な仕組みですね」

「株式会社の仕組みも同じです。利益から税金、株主への配当金を払った後のお金は手元に残ります。そのお金を使ってまた新しい設備や人を雇って、前年同期比での売り上げ増を目指していきます。**前の年の利益を内部に溜め込み、そのお金を使って前年以上の利益を得ようとする**わけです。利息を元本に組み込み、利息＋元本にまた利息がつく複利の仕組みと同じですね。つまり、株式会社は『複利』でお金が増えていく、『複利マシーン』としての側面を持つのです。この株式会社＝複利マシーンという考え方は、長期投資をする上で重要になります」

「なるほど、株価が長期的に上がる仕組みがわかりました。その会社が成長をしていく限り株価はずっと上がっていくということですね」

「その通り。世界的に有名な投資家である**ウォーレン・バフェットは、『あなたの株式への投資期間は？』と聞かれると〝永遠だ〟と答えています。**永遠というのは大げさとしても、長期で投資をしていれば、株式は上がっていく。だからこそ200年間で米国株は60万倍にもなるのです。**ただ、60万倍といっても年率に直すと実は7％前後。いかに複利の効果がすごいか、**ということが分かりますね」

〈第2話〉
マグロの価格とバブルの意外な関係

「それでは次にMr.マーケットの話をしましょう」と先生が話を切り替えた。

「Mr.マーケット？　ミスターということは、長嶋茂雄？」

「ふむ。さて、Mr.マーケットとはバフェットが株式市場のことを言う際に好んで使う言葉です。なぜミスターとつけるかと言うと、**株式市場（マーケット）というのは、まるで人の感情の起伏のように、上がったり、下がったりする**からです」

「そういうことですか。私の嫁も朝はとても機嫌が悪く、ほとんど話しかけられる状態ではないのですが、夜、お気に入りのワインを飲んでいるときは不気味なくらい機嫌が良く、『あなたも仕事がんばっているわね』なんて言葉をかけてくれたりするんですよね。なんでしょうね、あの振り幅は。その真ん中くらいがいいんですけど」

「Mr.マーケットもあなたの奥さんに勝るとも劣らないほど、気性が激しいのです。ではまず、**とっても機嫌がいいときの話をしましょう。つまりバブルのことです**」

「えっ、バブルですか？」

「そうです、**バブルを理解すると相場の特徴も理解できます**。バブルと言えば、日本では1980年代の不動産バブル、アメリカでは1990年代後半のＩＴバブルなどがありますが、ある日突然弾けて相場が暴落したことは周知のとおりです。よく気を付けないといけませんね」

「気を付けろ、と言われても……？」

1億5000万円から7000万円に大暴落

「あなたが奥さんとうまく付き合っているように、きちんと理解すれば、気を付けられるようになります。それに、バブルを理解すると、なぜ長期投資が有効か、あるいは積み立て投資のように長期にわたって時間を分散する投資のリターンがなぜよいのか腑に落ちるはずです」

リターンという言葉に、隆一は身を乗り出した。

「では、どこから話を始めましょうか。まず投資に限らず、モノの値段は、その時々の市場での需要（買い）と供給（売り）によって決まることはわかりますね？」

「先生、さすがにそこは私もわかります。モノの値段が、需要と供給が一致したところで決まることくらい、高校生でも知っていますよ」

「失礼。ここからが肝心です。その需要と供給の特徴です。ところで、マグロは好きですか？」

「そりゃ、好きです。特に中トロなんて最高ですね。もっぱら回転寿司ですが」

「ええ。私も好物です。そのマグロは、市場のセリで値段が決まりますよね。2013年の初セリで大間のマグロに1尾1億5540万円の高値が付いて話題になりました。すしチェーン『すしざんまい』と香港資本の『板前寿司』が競い合った結果でした。しかし、翌年の初セリでは同様のマグロが1尾736万円でした」

「覚えています。同じマグロなのにその時々によって値段は大違いですね」

隆一は、当時のニュースをぼんやりと思い出しながら返事をした。

「この価格差に、違和感を覚えませんか？　翌年のマグロが前年に比べて、大きさや味で極端に劣っていたわけではないはずです。20倍以上の差がつくほどにはね。つまり、**実質的な価値とは別に、価格というのは市場で決まる**、ということです」

「味は食べていないのでわかりませんが、大きさが20倍も違うことはないでしょうね。話題づくりとはいえ、ずいぶん釣り上げたもんですね」

「釣り上げる、という表現はおもしろいですね。**欲しい人の熱量次第で価格というものは変化していきます。**株価も同様です。対象となる会社の収益力や保有する財産などの価値だけで決まるわけではありません」

「なるほど、マグロのセリと同じというわけですね」

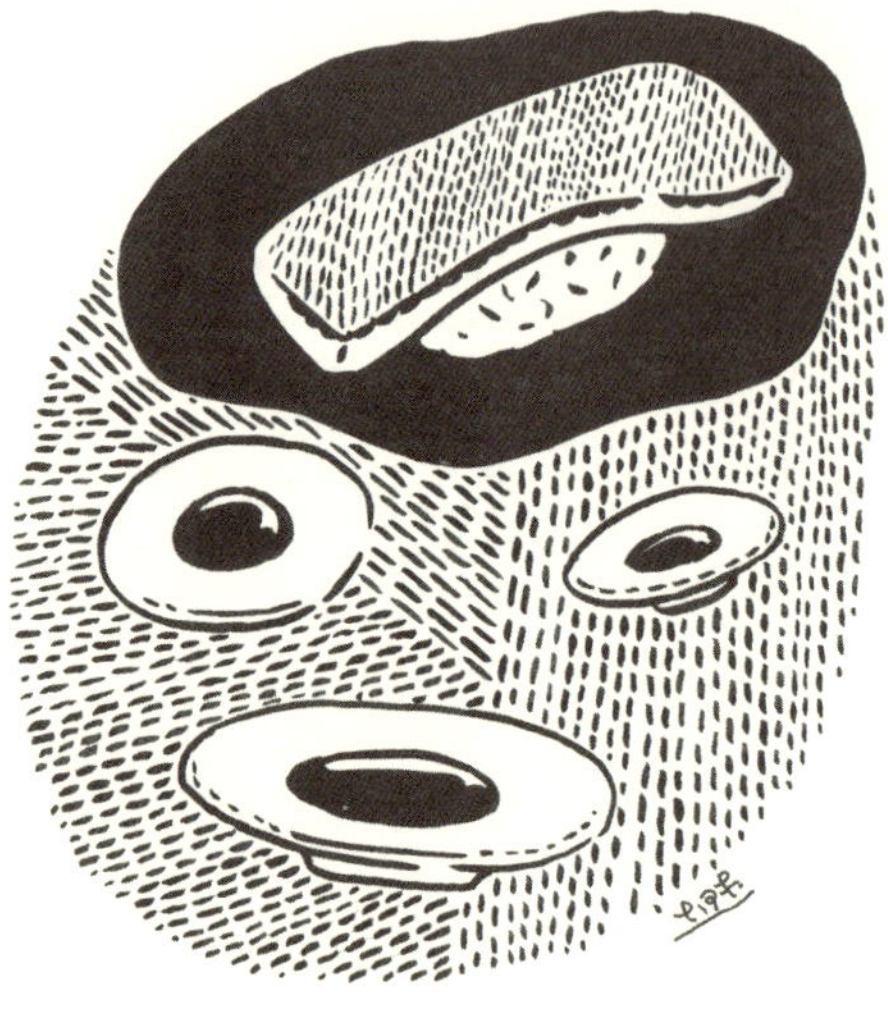

ドットコムと付けただけで株価急騰

「セリの話から始めたのは、株式、外国為替、不動産、あるいは仮想通貨といった**投資商品は、マグロよりももっと価格が大きく変動する**ことを伝えたかったからです」

「えっ、もっと大きな変動ですか？」

隆一の食いつきを見て、先生は微笑んだ。

「投資の場合、今すぐに消費したり利用したりするわけではありません。**将来、値上がりするかも、という期待から生まれる需要**が加わります。こうした需要を**期待需要**と呼びましょう」

「期待需要か。覚えることが多いな」

という隆一のぼやきを無視して先生は続けた。

「株式投資を例にとると、創立して間もない会社でも将来性がありそうなら、多くの人に『値上がりするかも』という期待が生まれ、買う人が増えて、実際に値上がりする場合があります。アメリカでネットバブルが起きたときは、名前にドットコムを付けるだけで投資家が殺到し株価が急騰しました。逆に、業績順調な会社でも、何かの理由で将来への期待がしぼめば、売られて株価が暴落する場合もあります」

「期待によって株価が上がったり、下がったりするというのは、曖昧ですね。それでは良し悪しの基準がわかりませんよ」

「それが、相場の難しさでもあり、醍醐味でもあります。だからこそ、投資家の期待や失望がどのように生まれるのかを理解することが重要になります」

「期待と失望の生まれ方ですか。そんなものにもメカニズムがあるんですか？」

「もちろんあります。バブルの話に戻りますが、バブルとは『ｂｕｂｂｌｅ』、つまり泡の意味です。**実体経済による需要や供給に関わりなく、価格が暴騰することをバブルと呼んでいます**」

話が長くなりそうだと思った隆一は、ショートカットを試みた。

「さっき期待需要とおっしゃいましたが、それがバブルなのですね」

「似てはいますが、少し違います。バブルは、期待需要そのものから生まれるというより、それを背景として、売りや買いを仕掛けて儲けようという人々の思惑、つまり投機の対象となるが故の価格変動が加わって膨らんでいくのです」

隆一は、分かったような分からないような顔で先生を見つめた。

株は食べられないからバブルになる？

「あなたが初めて訪ねてきた頃、投資とギャンブルとの違いを説明しましたね。そのとき、トレードという用語を使って、私の言う『投資』が、株式やＦＸの短期回転売買とも違うと話しました。投資とは、企業の成長を資金で応援して、その果実を自分も得る、という営みだから、成長企業や安定して利益を生んでいく優良企業を見つけて資金を投じる。結果として、投資の期間は中長期になる。ここまではいいですか？」

「はい」

「一方、株式のトレードでは、需給で決まる株価に着目して、株価が値上がりしそうなら買い、値下がりしそうなら売る、という売買を繰り返して利益を上げようとする。価格差で利益を得るのが狙いだから短期勝負に向いている、という話です」

「先生、バッチリ覚えています。僕は、トレードよりも投資を身に付けたいと思っています」

「よろしい。トレードそのものは投機とは違いますが、需給による価格差を利用して利益を得ようとする点は同じです。ちなみに、『投機』にはさまざまな定義がありますが、イギリスの経済学者ジョン・メイナード・ケインズは『**投資とは市場の資産の利回りをその資産の存続期間の全体に渡って予想する活動**』であるが、『**投機とは市場の心理を予想する活動**』である、という言い方をしています。相場は、短期的には市場参加者の心理で決まるという説ですね。言うまでもなく、市場参加者というのは人間ですから、理屈はどうあれ、儲かりそうなら一斉に買い、損しそうなら一斉に売る、という行動をとります。これが、バブルの背景になります。あなたもそうでしょう？」

「もちろん、長いものには巻かれますよ」

と隆一は堂々と言った。

「でも先生、いくらなんでも100円のものが、1000円になったら、みんな気づくのではないですか？」

先生は頷いた。

「いい質問です。食品や衣服の代金、あるいはスマホ代や飲み代といった財やサービスの支払いには実際の消費需要があり、生産という供給能力の制約もあります。だから、一時的な需給のアンバランスで値段が上下することはあっても、時が経てば価格変動は収束しますし、それほど幅も大きくなりません。一方、株式、債券、外国為替、あるいは仮想通貨などの取引では、極端にいえば**帳簿上で数字のやり取りがなされるだけ**で、株や債券を消費するわけではありませんから、パソコンやスマホのクリックやタップだけで、瞬時に何回でも売買できます」

「なるほど、確かに株式もビットコインも食べるわけじゃないですよね。だから、何度でも回転売買できるのか」

隆一は、少しずつバブルが起こる本質に気づきはじめていた。先生はそれを察して、こう続けた。

「どんな値段でも、その価格で売る人が存在し、買う人が存在すれば、取引は成立します。**金融資産の売買には、消費者や利用者は存在しません**。あるのは、金融資産の売買で儲けたいという市場参加者の心理、つまり、思惑と欲望だけです。だから、『そんな高値で仕入れたら、採算が取れないのでは』などという心配はしません。ある人には高値と思えても、別の人に『もっと高い値段になるはず』という心理が働けば、売買は成立します。だから、投機の対象となり、バブルが発生するのです。実はあのアイザック・ニュートンでさえもMr.マーケットに翻弄され、バブルに巻き込まれて大損をしているのです」

〈第3話〉

高いと分かっていて買うのはなぜ？

「投資の勉強をしているのに、なぜバブルのことを学ぶ必要があるかについて改めて話しましょう。それは第一に、私たちの暮らす資本主義の社会では、バブルは付き物だということです。ところで、あなたは何年生まれですか？」

「1985年、昭和60年です」

バブルの話と自分の生まれ年に何の関係があるのか、と思いつつ隆一は先生に答えた。

「そうですか。であれば、ちょうどいい」

「ちょうどいい、ですか？」

「日本では、1980年代後半の不動産や株価の上昇と好景気の時代を『バブル経済』と呼びますね。2000年代初頭のNTT、光通信などの株価上昇は『ITバブル』、アメリカの2003年以降の住宅価格と金融資産価格の高騰は『住宅バブル』と呼ばれました。

ご存知ですか？」

「ええ、聞いたことはあります。私の親父も80年代後半のバブルの時は、若手でも飲んだあとはタクシーで帰ったと言っていました」

「実は、バブルの歴史は古く、17世紀のオランダでは、『チューリップバブル』とよばれるバブルがありました。一般大衆までチューリップの球根を買いあさって、**球根一個に家が一軒買えるほどの値段が付いた**ことがあったのです」

「球根一個で家が買えたんですか！」

「そう、それがバブルです。その後も18世紀のフランスではミシシッピ会社という実態のないペーパーカンパニーの株に人々が殺到したミシシッピバブルが起こりました。目の前に、儲かりそうなチャンスが現れると、その実態に関わらず、人々は、みなそれに群がるものなのです」

先生は続けた。

「つまり、バブルは資本主義が社会に浸透し始めたころから各国で生じていました。そして、その度に混乱が起こったので、その愚かしさも弊害も誰もが知ることとなります。でも、誰もが分かっているのにバブルは繰り返され、21世紀の今日でも続いているのが現実です。むしろ、資本主義が成熟化するにつれてバブルの発生頻度が増えています」

「え？　成熟するほど、愚かだと分かっているバブルが起きやすくなるなんて、バカみたいじゃないですか」

「ふむ、実に全うな疑問ですね」

音楽が鳴り続ける間は踊り続ける

先生は、隆一の悪くない反応を見て続けた。

「資本主義とは、市場の需給で価格が決まる社会で、誰もが自由にお金を使え、誰もが自由に儲けることができる社会です。逆に、お金がないと暮らしていけないし、儲けないと豊かになれない社会です」

「それは分かっています」

「私が再度言ったのは、人々が自由に儲けることができる社会になると、人はどう行動するかということです。ほとんどの人は、もっと儲けよう、あるいは損したくない、と行動するのではないですか」

「それって、当たり前じゃないですか？　それがなぜバブルを生むんですか？」

「そう、当たり前なのです。その人間の当たり前の欲求と、金融市場が整備されて、投資あるいは投機がしやすくなると、金融市場でどういうことが起きるのか。２００８年にリーマンショックが起きたとき市場は大混乱しました。しかし、その手前数年間では株価も不動産価格も長く上昇を続けていました。**プロも素人も価格が高くなりすぎていると感じていました。それでも買う人の方が多かった。**なぜでしょうか？」

「確かに、高過ぎると思うなら買わなければいいはずです。みんなバカだったということでしょうか？」

「そう思うでしょうね。でも、それは結果論です。『音楽が鳴っている間は、踊り続けなければならない』という有名な話があります。これは２００７年にサブプライム・ローンのリスクが高まっている最中に、シティグループCEO（チャック・プリンス）がフィナンシャル・タイムズ紙のインタビューに答えたものです。つまり市場の不動産価格が異常に高いことは、皆知っていたのです。**でも、価格が上昇基調にある間は、買わないと儲けられない。**または他社にシェアを奪われるかもしれないと思いますから、買わざるを得ないのです」

「投資の素人ならまだしも、プロまでも高いと分かって買ってしまうのがバブルなのですね」

隆一は、バブルという巨大なハリケーンが民家を飲み込んでいく姿が目に浮かんだ。

NTT株は国の時価総額より大きくなった

「金融機関の運用部門で働いている人は、運用成績を問われます。特にディーラーと呼ばれる職種の人は、その成績が会社の業績はもちろん自分の給料にダイレクトに影響します。だから、ライバルが稼いでいるのに、自分が稼がないわけにはいきません。私たちも、理屈はどうあれ、周りの人の儲け話を聞くと、自分も稼ぎたいと思ってしまうものです。日本も1980年代後半のバブル期には、一流といわれる企業まで財テクに走るなど、日本中がバブルに踊りました。**証券会社が事実上の利回り保証をしていた『営業特金』は1989年には40兆円まで残高が膨れあがりました。**営業特金というのは、ある意味、証券会社の営業マンに運用を丸投げしていた資金です。トヨタや日産、松下でさえも1兆円を超える資金を運用し、1000億円単位の運用利益をあげていました。NTT株の売出しに日本中が熱狂し、NTTのピーク時の時価総額は当時の西ドイツと香港の市場を合わせた時価総額よりも大きい50兆円まで買われました」

「とんでもない金額すぎてピンとこないですが、当時はそれだけ狂っていたんですね」

「狂っていましたね。これも有名ですが、バートン・マルキールというアメリカの学者が『ウォール街のランダム・ウォーカー』という本の中で『より馬鹿理論』として紹介している話があります。もし株価が実体を伴わないほど高くなっていたとしても、**それよりも高い値段で買ってくれる人がいる限り、その株を買うことに合理性がある**という理屈です。どんな高値でも、それ以上の値段で売り抜けられるのなら儲かるからです。逆にいえば、理屈のつく妥当な値段、あるいは割安と考えられる値段で買っても、それより高い値段で買う人が現れなければ損失を抱えることになります」

「先生、やっぱりMr.マーケットって嫁より気難しいですね」

「ただ、難しいからといって尻込みするのではなく、そういった相場の特徴と上手に付き合うことが重要です」

「嫁との付き合い方も慣れたら結構できるようになるのと同じか……」

10年おきにバブルが起きる本当の理由

先生のバブルの話は続いた。

「**ここ最近は10年おきにバブルが起きています**が、それには別の理由もあります。資本主義の国での景気刺激策は、金融政策と財政政策が二本柱です。金融政策とは、金利を下げることと通貨供給量を増やすことです。どこの国も、不景気では選挙で負けて政権が持ちませんから、金利を下げることで低金利でお金を借りて工場や家を建ててもらって景気をよくしようとします。日本でも、デフレ脱却という名目で、超がつく金融緩和が続けられていますよね。住宅ローンなどは1％以下の金利で借りることができるのも金融緩和の恩恵です」

「先生、私は経済学のような話は苦手でして」

と隆一は少し尻込みした。

「いや、経済学の話をしようとしているわけではありません。ケインズは1930年代の世界恐慌に、金融政策と財政政策という二つの方策を取り混ぜて有効需要を増やして不況から脱却する解決策を示しましたが、**21世紀の今日はケインズの時代とは産業構造が大きく変わったことでバブルが生まれやすくなりました**」

「先生すみません、全然話に付いていけていません」

「大丈夫です。今話したのは結果のところで、ここから仕組みを説明していきます。まず、ケインズの時代、つまり第2次世界大戦後は、工業製品の大量生産が経済の柱で、それができる欧米が先進国とよばれた時代でした。日本も資源がないので、資源を輸入して繊維や自動車などをつくりました。ここは大丈夫ですか?」

「はい、イメージできます」

「しかし今は、情報通信、医療介護、観光娯楽、金融などのサービス業が経済の中核を占めるようになっています。その結果、**金融緩和によってあふれたお金は設備投資のような実物投資に向かうのではなく、金融資産や不動産への投資に向かいがち**です。すると資産価格のバブルを誘発しやすくなります。これが、近年バブルが発生しやすくなった一つの背景です」

隆一が、遮るように聞いた。

「先生、要するに、金融緩和でカネ余りの時には、バブルが起こりやすいということですか？」

「まあ、そう理解しても間違いではないでしょう」

バブル発生は防げない。終わりも分からない

「バブルについて、もう一つしっかりと覚えておく必要があるのは、**バブルは必ず崩壊すること**です。そして、それがいつかは事前には分かりません」

「必ず崩壊しますか？」

「ええ、必ず。暴騰があれば暴落もあるのが相場の特徴です。オランダのチューリップバブルや1930年代のアメリカの大恐慌、そして直近のリーマンショックもすべてある日突然バブルがはじけて暴落が始まっています。だから暴落に備える必要があります」

「ある日突然では、備えようがないじゃないですか。先生なら予測できるんですか？」

「できません。ただ、理屈も歴史も学んできましたから、可能性を察知して警戒して、行動することはできます」

「先生でも可能性だけですか」

隆一が小さな声で呟くと、それを聞き逃さず、先生が続けた。

「でも、可能性を頭に入れて、警戒して行動するのとそうでないのとでは、リターンに大きな違いが生まれますよ」

「リターンにですか」

リターンという言葉につい反応してしまう隆一の素直ところを、先生は好ましく感じ、話を続けた。

「企業の価値を離れてはるかに上昇した株価は、いつかは調整されて実力に近づきます。需給面でも、株を売ろうとする人が増えて下落を始めると、今度は上昇期に誰もが買おうとしたのと同じで、誰もが売ろうとします。人は皆、自分だけは利益を確定したい、自分だけは損を抱えたくないと考えますから」

「なるほど。バブルで暴騰したり暴落したりしても、長い目で見れば、結局、株価は企業の実力程度に収まっていくということですね」

「そういうことです。今日は、バブルを中心に相場の基本を話しました。まとめると、

第一に、モノの値段はその価値とはかけ離れることがある
第二に、相場は実需だけでなく期待でも上下する
第三に、投機の対象となると暴騰と暴落が起こりやすい
第四に、資本主義ではバブルは付き物で、カネ余りの時期はバブルが起きやすい
第五に、バブルは必ず崩壊して相場は暴落するが、いつかは事前にわからない

ということです。

ここが重要ですが、**いくつものバブルを乗り越えなければ長期投資でリターンを得ることはできません。**次はどうしたらこのバブルを上手に乗り越えることができるのかを話しましょう」

〈第４話〉株価が高いか、安いかを考えてはいけない

話は佳境を迎えた。

「でも先生、バブルで株価が高騰したら、そこで売れば儲かるわけですよね。そろそろバブルが弾けそうだと事前に分かる方法はないのですか？」

と繰り返し聞いた。

隆一は、先生なんだからそれぐらい分かるはずだろうと言いたげだ。

「私の部屋に水晶玉はありません。元ＦＲＢ（米連邦準備制度理事会）議長のグリーンスパン氏も、バブルは『何かのきっかけ』で弾けると言いましたが、いつ何がきっかけになるかは事前には分からない、とハッキリ言っています。**たとえAIが進歩しても、せいぜい『予想確率』が示される程度**でしょうね」

「でも、予想でも高い確率で分かれば、それをもとに行動すれば儲かるんじゃないか、と

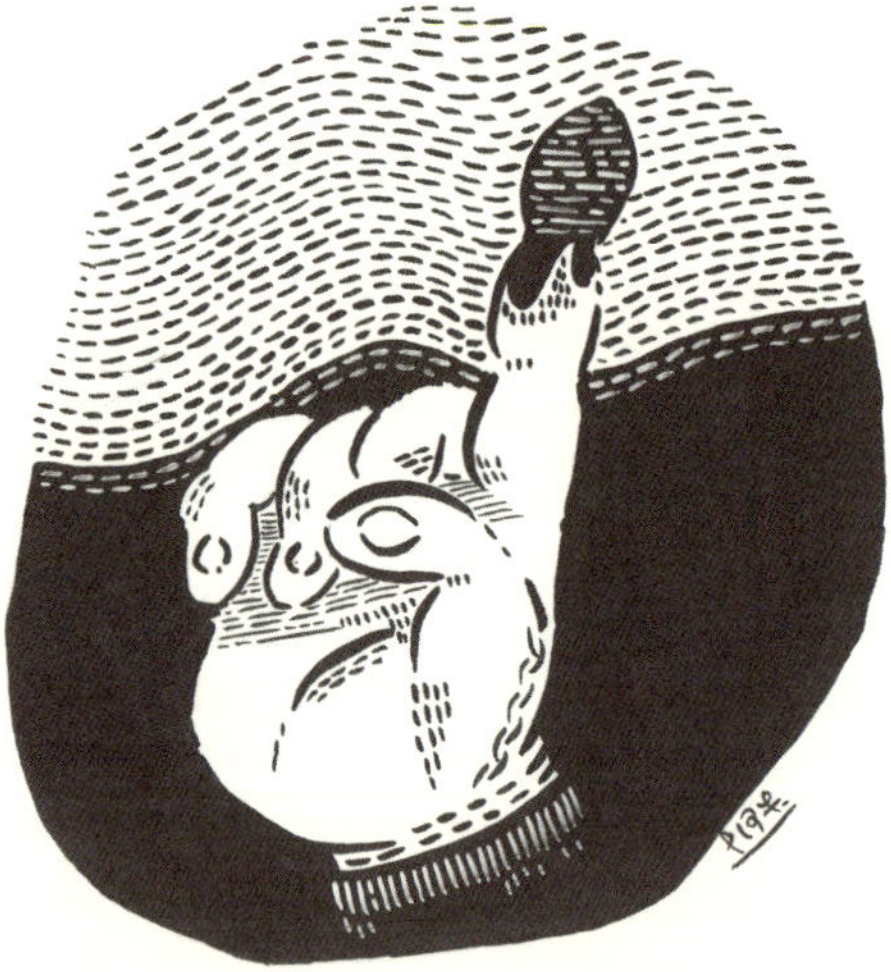

思うのです」

隆一は食い下がる。先生はひと呼吸置いてから、話し始めた。

「予想に頼りすぎた投資はおすすめできませんね。むろん『こうすれば高い確率で儲かる』という類いの説を書いた本はたくさんあります。でも、予想はあくまで予想です。予想は反対から読んだら、嘘よ（うそよ）になります。**仮に計算上90％の確率で儲かると示されても、自分が残りの10％に当たってしまったら意味がありません。**仮に9回連続して10万円儲かっても、最後の1回で暴落に遭遇して１００万円損したら、トータルではマイナスです。それより、他の人がババ抜きをいつ止めるかは事前にわからない、と考えて慎重に行動する方が大きな損を抱えずにすみます。リスクに備えるとは、そういうことです」

「理屈は分かりましたが、ドカーンと大きく儲ける夢がない気もします」

夢から覚めたような目で隆一が訴えた。

ヤフー株は2年で300倍! 狙いたいが…

「そういうあなたのために『**コア・サテライト戦略**』についてお話ししましょう」

「さすが先生！　そういうのがあるんだったら最初から言ってくださいよ」

「コア資産というのは、これから5～10年、使わないお金を長期分散投資で、じっくりと腰を据えて運用をする資産になります。サテライト資産というのは、ハイリスク・ハイリターン狙いの資産です。この2つのポケットを使い分ける戦略が、コア・サテライト戦略です」

「先生、その二つのポケットの大きさは違うんでしょうか?」

「いい質問です。コア資産は投資先を分散していますのでリスクを抑えやすい。一方のサテライトはハイリスクです。資産の割合は、コア資産9割、サテライト資産1割ぐらいがいいと思います」

隆一は、サテライト1割はいかにも少ないという顔ぶりである。

「もちろん、ハイリスク投資で手っ取り早く儲けたいという気持ちは分かります。実際に、ヤフーの株は1株200万円で上場したのが2年で300倍の6億円になった例もあります」

「6億円ですか！」

「こうした投資により、分散投資をするよりはるかに高いリターンをあげることもできます。ただ、そんな銘柄を当てるのは砂漠で落とした針を探すようなものです。そして、ハイリターンということはハイリスクでもありますから、株価が急落するリスクも高いということです」

「だからサテライトのポケットは小さくしておいたほうがいいのか」

「その通りです。そしてコア資産に関しては、〝**卵を1つのカゴに盛るな**〟という格言があるように、きちんと分散投資をしてください」

いつがベストタイミングか予測できる？

「**ケインズの美人投票**という言葉を聞いたことがありますか？」

先生がおもむろに聞いた。

「美人投票？　聞いたことはあるような……」

「美人投票と、短期的な株式投資は似ているという話です。たとえば、美人投票をする際に、最も票を集める女性に投票した人が勝つとします。すると、自分が美人と思う人ではなく、他の投票者が票を入れるだろう女性を当てようとするでしょう。同じように株式投資でも、周りがいいという会社に投資しようという心理が働き、人気を集めた株が実態より高値になることがあります。その後株価は下落し、高値で買ってしまった人たちは損をするという話です」

「なるほど。先生、僕の今の知識で高値づかみを避けることはできますか？」

「実は、**株価が高値なのか割安なのかという判断自体が、リスクをとることになります。**株価の水準を判断していつがベストの投資タイミングかをはかる自信がないなら、積み立て投資のように毎月一定額を拠出して、投資のタイミングを分散する『時間分散』を考えたほうがいいでしょう。目先の株価の上げ下げに一喜一憂せず、あくまで投資本来の恩恵である企業の成長や投資収益の複利効果などを確実に得ていく積み立て投資を継続することは、理にも利にもかなっているわけです」

「予測するリスクをとるより、分散か。最近私の周りにも、『**つみたてNISA**』を始めた人が増えました」

「日本ではなかなか投資が根付かないので、国も税制優遇付きの制度を導入して、積み立て投資を促進しようとしています。先ほどからバブルの怖さを伝えていますが、それをうまく受け流す唯一の方法は積み立て投資です。毎月同じ金額で投資信託を買うので、高い時は少ない口数、バブルが弾けて暴落しているときは逆に安い値段で多くの口数を買えるので、購入単価を下げることもできます」

「先生、そのイメージは僕にもわかります。実は私の会社、中堅のスポーツメーカーですが持株会をやっていまして、私も毎月1万円ずつ買っています。リーマンショックの後にすごい株価が下がったんですが、その時も何も考えずに買っていたんですよね。その後、業績が回復してきて、**その時買った分が結構値上がりして**今ではかなり儲かっているんですよ」

「その経験があればバブルを味方につけることができます。ただ持株会は自分の会社を1社だけ購入するリスクを取っているので、**投資信託のように多くの銘柄に分散投資をしているものを積み立てるほうがいい**ですね。そもそも自分の会社の株価リスクは、自分が勤めていることで負っていますから」

「なるほど。自分の会社のリスクか。確かに自分の会社なので愛着はありますが、分散したほうがいいですね。最初は、バブルをどう乗り越えていくのか全くイメージできなかったんですが、積み立て投資の話を聞いて自分でもできそうな気がしてきました」

帰り道、隆一は先生の話を思い出していた。資本主義、株、バブル、分散投資……それまで単なる点だった情報が、少しずつ繋がりはじめる感覚を得ていた。もっと知りたい。そんな気持ちで新橋の飲み屋街を抜けて、家路を急いだ。

「バブル」と「暴落」を乗り越えて資産を増やしていく

米国株の指数であるS&P500の過去47年間の平均リターンは約7%ですが、年間騰落率が平均的な水準からプラスマイナス2%（5%〜9%）の範囲に収まった年は、過去47年間でたった3回しかありません。

そして、この平均的な水準からプラスマイナス20%超乖離した年が13回もありました。これだけ多くの年で平均から20%も上下に振れるというのは、実体経済の変動だけでは説明がつかず、原因の1つに投資家心理の振れが考えられます。

相場格言のひとつに、「**相場は楽観と悲観の間を行ったり来たりする**」とあります。実際、マーケットは振り子のように楽観と悲観の間を揺れ動きながら上昇していきます。

株価というのは長期的には企業業績に連動をしますが、短期的には投資家の心理で動きます。それが行き過ぎた状態になるのがバブルであり、暴落なのです。投資家心理が巻き起こすバブルへの対処法を知らないと、投資で成功することは難しいでしょう。

2000年～2017年の外国株式の年次リターンの推移

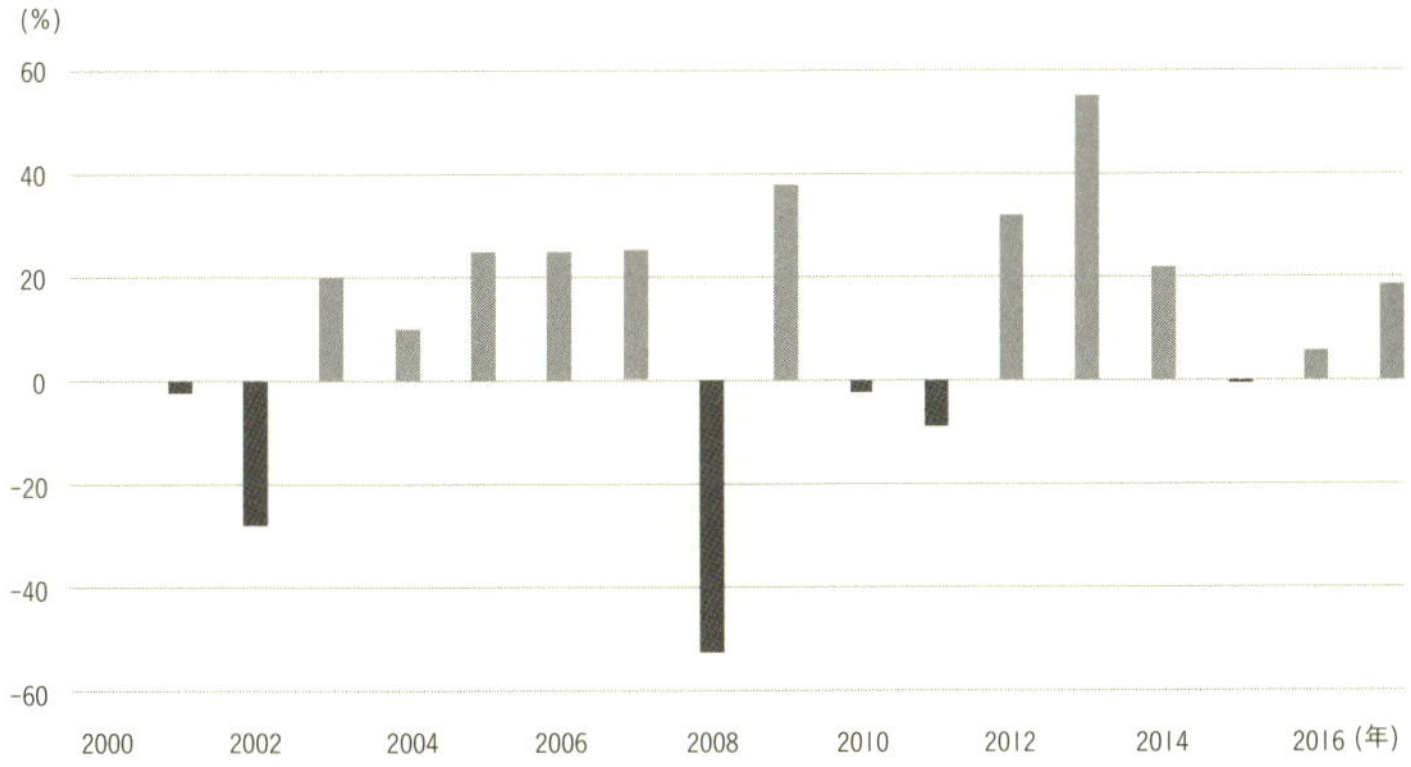

〈出所〉MSCI World ex Japan Index (gross dividends、円ベース)、公表データより筆者作成

図は2000年以降の外国株式の年次リターンを表していますが、上がるときは20%近く上がることが多く、逆に下がるときも20%以上下がる年があります。

リーマンショックの際には、半年で先進国の株価が半分近くまで下がりました。逆に暴落の後は1年で株価が40%近く値上がりしました。

個人投資家がバブルをうまく乗り切るには2つしか方法はありません。

1つ目が卵を一つのカゴに盛らない。つまり資産の分散を行うこと。

2つ目が、積み立て投資をして時間分散することなのです。

第4章

気持ちを整えるだけで投資の勝率は上がる

〈第１話〉
独りよがりな投資で痛い目を見た

月末の最終金曜日の夕方、隆一はいつものように営業日報を書いていた。

先輩の高田が寄ってくる。

「木村ちゃん、今日は飲みに行けるよね？」

「すいません、ちょっと今月も先約がありまして」

「何だよ、お前、最近付き合い悪くないか。俺と飲みに行きたくないのか？」

高田は不機嫌そうだ。

隆一は、毎月のこのやりとりにも疲れ、思い切って言い訳をした。

「先輩、実は私、会計の専門学校に通い始めたんです。なので、しばらく夜の飲み会は難しくて。本当にすみません」

「おっと、やる気出したのか。そりゃ、結構。さすがに無理強いもできないな」

「半年後ぐらいにはそのコースも終わりますので、そうしたら毎週お付き合いします」

やれやれとつぶやきながら、隆一は先生の元への道を急いだ。そして先月のバブルの話を思い出していた。人気の少ない日比谷神社の横の階段を一段ずつ降りていき、ドアをノックすると、先生がいつものように笑顔で迎えてくれた。

「今日で4回目ですね。少しは投資についての理解が深まりましたか？」

「体系的に投資の話を聞くことができ、どんどん興味が湧いてきました」

「それはなにより。さて、今日は少し私の昔の経験を話しましょう」

先生はソファに座り直すと、天井を見るようにして目を閉じた。

隆一は、そう言えば先生の過去をあまり知らないな、と思いながら背筋を伸ばした。

円高は終わる。思い込みで億の損失

「1980年代、私はとある銀行のニューヨーク支店で為替のトレーダーをしていました。

当時のドルと円のレートは、1ドル＝250円ぐらいです。会社の資金で5億円、10億円単位でトレードを繰り返していました」

「10億！　しかも、会社の金って」

隆一の背筋はさらに伸びた。

「その資金でかなり稼いでいました。私もまだ若かったんですね。社内を肩で風を切って歩いていたものです。そして、**忘れもしない1985年9月22日、プラザ合意**が発表されると一気にドル／円が250円から200円近辺まで円高に進んだのです。私はある程度の円高は予想をしていましたが、200円は切らないと思っていたので、200円近辺で円を売って、ドルを買う注文を毎日のように5本、10本と出しました」

「5本ってどういう意味ですか？」

「為替取引の単位で、1本は100万ドル。1ドル＝200円なら、1本は2億円なので、5本だと10億円です」

隆一の眉はつりあがった。先生は続けた。

「私は、この円高は一時的なものですぐに円安に戻ると思っていました。今から思うと根拠薄弱なのですが。マーケットはそこから私の期待を嘲笑うかのようにさらに円高に振れました。見る間に190円、180円台と下がっていき、損失がどんどん膨らみました」

隆一は、ぽそりと「会社の金だけど……」とつぶやく。

「ええ。上司からはもうここで損切りをしろ！　と指示を受けました。でも、私も当時は血気盛んなころで、必ず円安方向に戻るのでもう少し待ってくださいと抵抗し、損切りをしませんでした」

先生は、天井から床に視線を落とした。

隆一は恐る恐る、

「先生、それでその後どうなったんですか？」

と尋ねた。

「その1週間、私はほとんど眠ることができず、為替レートを表示するポケット端末を、目を充血させながら朝まで凝視していました。そしてある日、眠れないまま会社に向かい席につくと、私の取引は全て損切りされていました。私は誰がこんなことをしたんだと思い、周りを見渡すと上司が近づいてきて、『お前の取引は俺が全部解消した。億の損だ。授業料と思え。とにかく今日は帰って寝ろ』と言われたのです」

「いくら上司でも勝手にやるとはひどいですね。先生が任されていたわけでしょう」

と隆一は先生の擁護にまわった。

「ええ、私もカッとなりました。言われたとおり家に帰ったのですが、すぐに寝付けず、フォアローゼスのバーボンをストレートで飲んだら、そのままソファで12時間以上寝てしまったのです。夜中に目が冷めると、ふと〝祇園精舎の鐘の声、諸行無常の響あり〟という平家物語の一節が頭に浮かびました。我ながらずいぶんとセンチメンタルだと思いますが、ようやく冷静になり、独りよがりだったなと振り返ることができたんです。自分の考えやポジションに執着していたんですね。ドル円は200円を切ることはない、必ずまた戻る、数億円も損を出すと社内で笑いものになる、出世もなくなる、と。まったく冷静な判断ができなくなっていたわけです。その後も円高の流れは続いていましたから、あのままポジションを抱えていたら、損失はさらに膨らんでいました」

「先生でもそんな失敗をするのですね」

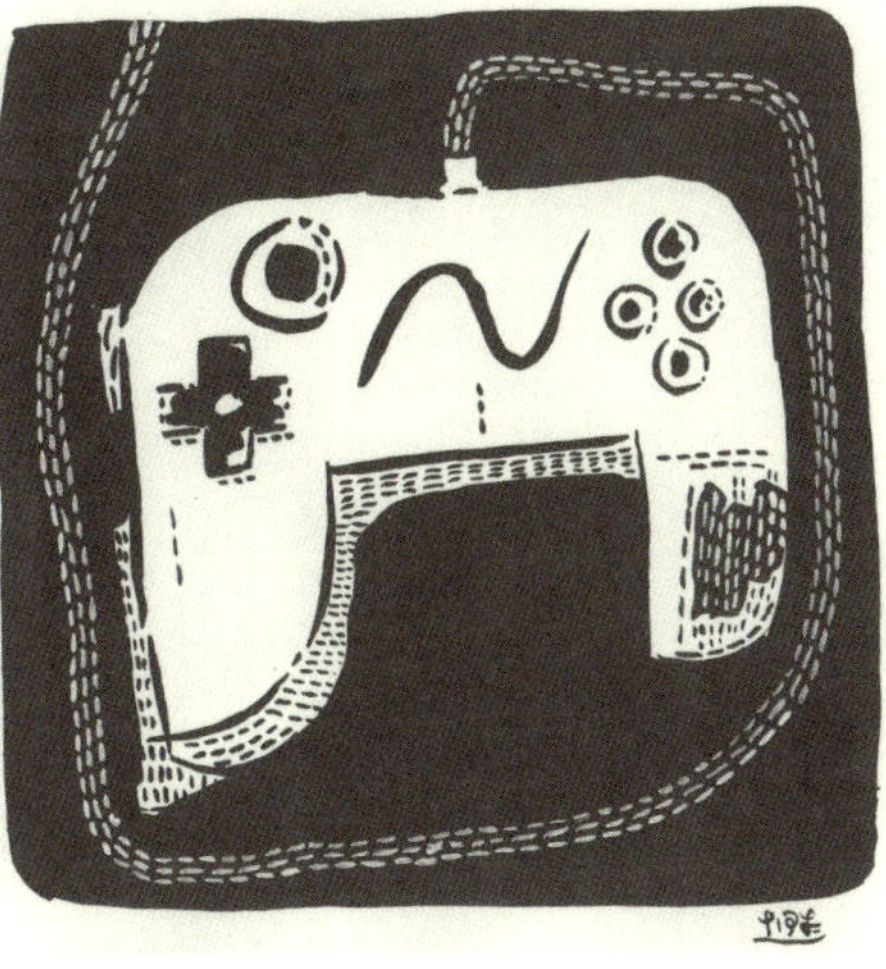

隆一は、スケールは違えど、かつて株のデイトレードで仕事が手につかないほどに追い込まれた自分と先生を重ねていた。

「この失敗で私は多くのことを学びましたが、悲劇はこれで終わりませんでした。他の銀行で同じく為替のトレーダーをしていた友人の死です。彼も私と似たようなポジションを取っていました。私は上司のおかげで損切りができましたが、彼は円高が進むなかでもポジションを持ち続け、最後は自ら命を絶ってしまったのです」

「あ、う…」ともらしながら、隆一は先生にかける言葉を探したが見つからなかった。

自分を客観視することの難しさを知る

今の姿からは想像できない、先生の壮絶な体験。

「私は投資というものは理論だけでは勝てないことを理解し、理論以外の勉強をし始めました」

先生は席を立ち、本棚から何冊か本を持ってきた。

「『孫子』に『**彼を知り己を知れば百戦殆からず**』という格言があるのは知っていますか？ 先月、バブルの話をしましたが、それは『彼を知る』、相場という相手を知るためです。今日は、私のような失敗をしないために『己を知る』ための話です」

「己を知る、ですか？」

「ええ。自分のことを知っておかないと満足な投資はできません」

「でも先生、自分のことをいまさら勉強するんですか？」

「そうです。私達は自分が思っている以上に、自分のことを知りませんし、客観視できていないものです。投資では基本的な知識を身に付けたうえで、冷静かつ合理的に行動できるように訓練をしていくことが肝要です。ところが、この合理的な行動こそ実行するのが難しく、多くの人はできないのです」

「確かに自分もデイトレードをやっていたときは、感情をコントロールできませんでしたし、さっきの先生の失敗談を聞くとやはり簡単ではなさそうですね」

「冷静で合理的に行動できる人というのは、物事を楽観的にも悲観的にも捉えないで、**起きている現実をそのまま受け入れる**ことができる人です。つまり、目の前で起きている現実が悲惨なことでも、都合の悪いことでも、目をそらしたり、自分の都合よく解釈したりせずに、ありのままに認識することです」

「どんな局面でも、冷静沈着に行動できる人か。ゴルゴ13ですね」

行列のできるラーメン屋はうまいのか？

「**『人間は感情の動物』**といいますが、それは私達の行動が感情に支配されているからです。感情で動くのは人間らしいとも言えますが、投資で重要なのは、同じ『カンジョウ』でも、**損得『勘定』**のほうです。だから、得する・損しないために合理的に行動しなければいけません。でも、感情の動物である人間がつねに合理的に対処することは不可能に近いでしょう」

「すべてコントロールできたら、ロボットですよ」

「私もそう思います。ただ、最近は『行動経済学』といって、人の行動がなぜ合理的ではないかを研究する学問があります。これを勉強して知識を身につければ、合理的な投資がしやすくなります」

「行動経済学ですか?」

「たとえば、『行列ができているラーメン屋』があったとしましょう。あなたはきっと美味しいに違いない、と思うはずです」

「えっ、それじゃいけないんですか?」

隆一はいぶかしげに聞き返した。

「人が意思決定をするときに、論理的な思考の過程を省略して、直感で素早く解に到達する方法のことを『**ヒューリスティックス(heuristics)**』といいます。効率的で手っ取り早く結論を導くのはいいのですが、正しくその解を得るための論理的な方法=『アルゴリズム(algorithm)』ではないので、しばしばバイアス(偏り)のある結論や、必ずしも正解とは言えない結論に至ることがあります。君は、ヒューリスティックスで行列ができたラーメン店が美味しいと判断したわけですね」

この心理になったら赤信号

「では、その店のラーメンがまずかったらどうしますか？」

「まあ、二度と行かないだけですが」

「でもまた同じような失敗をしますよ。失敗を繰り返さないためにも、『多くの人がやっているから大丈夫』というような群集心理で判断・行動したという自覚が必要です。昔『赤信号、みんなで渡れば怖くない』というギャグがありましたが、投資でそういう心理に陥るとこんなミスが出ます」と言って、先生はボードに何やら書き始めた。

◉株価が上がっている銘柄は、さらに値上がりしそうだと推論して、結果高値づかみする
◉オリンピックが開催される国は成長すると思って投資をする

「どうですか？　いずれも群集心理に従い、失敗するパターンです」

「いかにも失敗しそうですね」

「いずれにしても、売買にあたって自分の心がどう動いているのかを知っておくことは大切です。というわけで、今日は行動経済学、**行動ファイナンス**の話をしていきます」

「行動ファイナンスですか？」

「まあ、ついてきてください」と言って先生は説明を始めた。

「従来の経済学は、『人は利益の追求のため常に合理的に行動する』という前提で理論ができています。しかし、相田みつをの〝人間だもの〟のように、現実には人は常に合理的に行動するわけではありません。実際にはどのように意思決定し行動するのか、なぜ時として非合理的な行動をするのか、という研究をする『行動経済学』があるのです。その**『行動経済学』にもとづいて投資の理論に落とし込んだのが行動ファイナンス**です。あなたに伝えたいのは、そんな言葉の説明より、行動ファイナンスを知らないがゆえに、非合理的な行動をしてしまい、投資のリターンを下げてしまうことがないように、ということです」

〈第2話〉

損失を減らしたいからリスクをとる!?

「あなたはいろいろと会社に不満があるようだけど、転職を考えたことがありますか？」

先生のおもむろな問いに、隆一はたじろいだ。

「そりゃ、辞めたいと思ったことは何度もありますけど」

「就職相談に乗るわけではないので、あくまで例え話として聞いてください。仮に、今の会社より少し条件のよさそうな会社が、あなたのような営業マンを中途採用で募集していたとしましょう」

どんな話になるのかわからず、隆一は「はぁ」と生返事をした。

「誰しも今の会社に不満があったら、今の会社にとどまるべきか、思い切って転職して新天地で頑張るか迷うと思います」

「そうですね」

隆一はまだ先生が何を言いたいのかわからない。

「あなただったら、どちらの選択をしますか？　もちろん、実際には、転職先での処遇や社風などの情報がないと決められませんが、気軽に答えてみてください」

「そうですね。やっぱり、もう少し今の会社で我慢するかな」

「なるほど。これはあなたが不確実な将来に対して、どのような選択をするかという心理的傾向を測る質問です。転職して後悔するのではないか、という悪い方の予測が頭に浮かんでくる人は、転職のリスクを回避しようと行動します。つまり、**リスク回避型**のタイプです。逆に、今転職しなかったら後で後悔するんじゃないかと考える人は、転職してチャンスをつかもうとするタイプです。そういう人は、**リスク選好型**のタイプと見ていいでしょう」

隆一は、そんなつもりもないけどな、という表情だ。

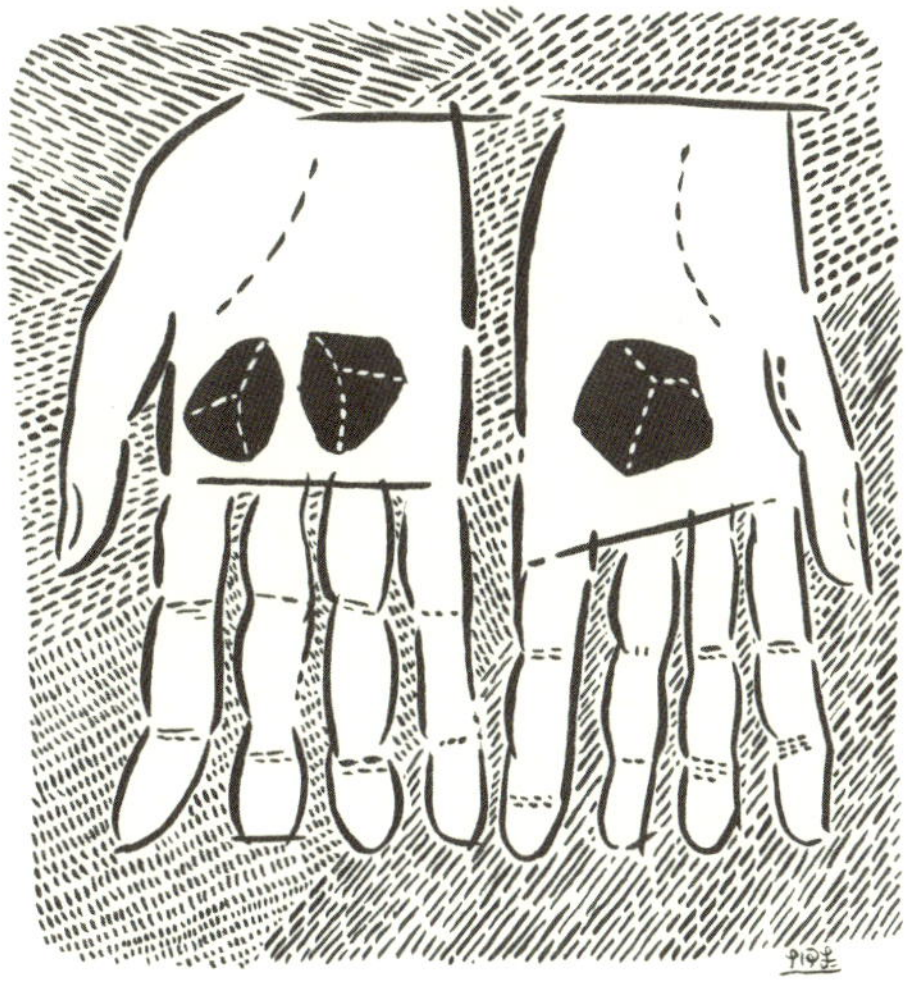

確実に25万円と50%で50万円。どっち?

先生はそんな訝しげな隆一の反応を見て続けた。

「ではたとえば、**『Aという仕事では確実に25万円もらえる』『Bという仕事では50%の確率で50万円もらえる』**という選択を迫られたら、どちらを選びますか」

「そりゃ、Aですよ。だってBだとせっかく仕事をしても、半分の確率で何にも得られないじゃないですか。やっぱり、確実にもらえる方がいいですよ」

「そうですね。多くの人はAの仕事を選ぶかもしれません。でも、期待収益額を計算すれば、Aは25万円、Bは50万円×50%=25万円になり、どちらも25万円で同じです。ではなぜ多くの人がAを選ぶのかといえば、Bの方は何ももらえないというリスクがあるからですよね」

「それは嫌ですよ」

「実は、この質問はAが20万円、Bが50%の確率で50万円と、若干Bの方の期待収益額を多くした場合（Bの期待収益額は25万円でAより5万円多い）でも、Aの仕事を選ぶ人が多くいることが分かっています。確実に儲かる方がいい『損失回避』タイプが多いということです。別の言い方をすると、『**確実性効果**』といって、〝損するのは0％〟や、〝儲かる確率は100％〟など確実性の高い選択の方が望ましいという心理が働くということです」

「そう言われてみれば、自分はそういうタイプかもしれません」

と、隆一は頷く。

「『**プロスペクト理論**』という理論があります。人は、**利益を得られる場面ではリスクを回避して確実に手に入れる選択**をし、**損失をこうむる場面では損失を回避するようにリスクをとってしまう**心理的傾向がある、という理論です。後者について、例えば『AというクジではA確実に1万円損する』が、『Bというクジでは50％の確率で損はしないけど、50％の確率で2万円損する』という選択だと、今度はBを選んだりします。確実に損するのは嫌なのでしょうね。あなたもBを選びそうですね」

「ええ、そうすると思います。Bだと損しない可能性があるわけですから」

利益への期待より損失への不安が大きい

今日の講義の意図がいまだにつかめない隆一は不満そうだ。反対に、先生は少し愉快そうだ。

「こんな話をしたのは、人は同額のお金だったら、利益から得られる満足より損失で受ける苦痛の方が大きく感じる。つまり、**利益より損失を大きく評価してしまう**、という心理傾向を伝えたかったからです」

「当たり前ではないですか？」

「これがなかなか分かっているようで、分かっていない人が多いのです。投資ではあなたのようなタイプの人が陥りやすい罠があるので説明をしましょう」

どうやら、ここからが本題のようだ、と隆一は椅子に座りなおした。

「自分が『損失回避』を優先する行動をとりやすいなら、投資ではどこに気を付けないといけないのか」と言って、再び先生は書き始めた。

◉損失を嫌うので、株価が下がってもあらかじめ決めた通りに損切りができない。損失が現実になるのが嫌だから

「特にこの損切りができるかどうかが、最も重要です。もちろん、投資は長期でするものですから、先月説明をしたコア・サテライト戦略の中でコアの資産はじっくりと長期で持ち、短期で損切りをする必要はありません」

「はい」

「問題はサテライトの方です。こちらはこれから急成長をしそうな会社や国などに投資をしていきます。しかし、思惑通りにいくことの方がまれなわけで、いい会社と思ってその株を買ったら業績が悪化して株価が急落したということがよく起こります」

「先生、私もその経験があります。業績絶好調と聞いて投資をしたら、いきなり業績の下方修正が発表されて、株価は一気に下がりました」

「その時、あなたはどうしましたか？」

「当然、そのまま塩漬けにして上がるのを待ちました」

「それがまさに損失回避であり、別の言葉で**買値の呪縛**と呼んでいます。これは、買値に戻るまでは絶対損切りをしない考えのことです。損切りは、運用のプロでもなかなかできないのです。では、運用のプロはどうしているかというと、事前にロスカットと言って強制的に売却する水準を決めています。例えば買値から10%下がったら売却して、一度頭を冷やし、考え直すのです」

「先生、プロでも損切りができないのですね」

「あと、例えば塩漬けにしてしまっている個別株があった時に、自分自身に問いかけてほしい質問があります。それは**〝今日、その個別株をもう一度買いますか？〟**です。この質問に対してYESであれば、まだ上がると思っているのでそのまま持っていてください。反対にNOであれば、上がる見込みがないと思っているので、今すぐ損切りをして他の銘柄に変えるべきです」

「先生、おっしゃる通りですが、なかなかそれができないですよね」

先生は続けた。

「逆に、人が損切りをしようと決める時は、2つのパターンに分かれます。1つは、損を取り返そうとして、早く値上がりしそうなものを買ってしまうパターンです。例えば、ある個別株が１００万円で買って50万円になったとします。そうすると、50％値上がりしても75万円にしかならないので、倍になりそうなものを買うことを『**ブレークイーブン効果**』と呼んでいます」

「それは私もしてしまいそうです。競馬でも負けが込んでくると、最後に大穴を狙いにいくのと同じですね」

「その通りです。そしてもう１つの損切りパターンがいきなり全部を売って、もう２度と投資をしません、と全くリスクを取ろうとしなくなるパターンです。合理的に考えれば過去の損を出したことと、将来も損を出すことに何の因果関係もないのですが、もうこんな辛い思いをしたくないということで投資をやめてしまうのです。ギャンブルと違って投資は期待リターンがプラスなので、投資をやめてしまうのはとてももったいないことです。これを『**スネークバイト効果**』と呼んでいます」

「先生、今まで私が株式投資でとってきた浅はかな行動が、行動ファイナンスではこのようにロジックとして解明されていうことに驚きです」

〈第3話〉

お得感に潜む罠。「アンカリング効果」とは？

「あなたはいつも背広を着ていますが、趣味は悪くないですね」

「いや、安物ですよ」

先生にしては珍しいお世辞に、隆一は謙遜しつつ、嫌な予感がした。

同じ2万円の商品も言い方次第で…

「ところで質問ですが、A店ではあなたの気に入った背広が2万円で売っていた。B店では、セールと称して定価4万円の似た作りの背広が2万円で売っていた。あなたは、どちらを買いますか」

「そりゃ、定価4万円の背広が2万円で買えるんですからB店で買いますね」

「どちらの店も2万円で買えるんですよ」

「そうですけど、B店で買った方がお買い得ですから」

先生は、我が意を得たとばかりにうなずいて続けた。

「つまりあなたは、『定価4万円の背広がセールで2万円』という情報から、『本来4万円の価値がある背広が2万円で手に入る』と思ったのでしょうね。さらに言えば、どんな生地を使って、どんな縫製で着心地はどうかというような性能よりも、セールで半額で買えるという値段の方に注目したともいえます。AとBは似た作りの商品、つまり性能は近いという情報は無視したのでしょうね」

隆一は、ずいぶんな言い方だなと思ったが、実際先生の言うとおりだったので、黙っていた。

「これはね、『アンカリング』といって、小売店が値札で客の目を引くためによく使う手法です。人は、何かを判断する時、最初に提示された数値や情報が印象に残り、それを基準点（船の錨という意味のアンカー）として判断してしまう心理的傾向があります。少しでも安く買いたい、得をしたいという気持ちがみんなありますからね。ですから、『どちらも2万円で、品質もデザインもそれほど変わらない』といった論理的な思考が妨げられ、実際には不合理な選択をしてしまいがちなんです」

なるほど、隆一は「大幅値引き」「本日限り」といったフレーズに弱かった。

「肝心なのは、投資でもこういった不合理な選択をしてしまうことがあるということです。相場の格言に『**高値覚え**』『**安値覚え**』というものがあります。今日は、この格言をしっかり頭に入れておきましょう」

高値覚えと安値覚え。「アンカリング」の罠

「高値覚え、安値覚え、ですか」

「そう、過去の株価水準がアンカー（錨）のように頭に残り、その株価水準にとらわれてしまい、合理的な投資判断ができなくなることを戒める相場の格言です。たとえば、投資しようと狙っていた株は過去に4000円まで値上がりしたことがある。それが、今は2000円まで値下がりしている。**4000円の株価が2000円まで安くなったのだから割安ではないか**と考えてしまうことが『高値覚え』です。さっきのあなたと同じですね」

「僕のように、ですか」

隆一の不快そうな反応に、先生は話をそらすようにすぐに続けた。

「いや、つまりその株が過去から見て半値くらいまで値を下げたとしても、2000円という水準が、その時の企業価値から判断して割安な水準であるとは限らないということです。投資判断は、過去の株価ではなくその時点の投資対象の将来価値の予測から考えるの

が基本です」

「確かに、5年前に4000円だったTシャツが今2000円だからと言って、安いか高いかはわかりませんね」

「悪くない例えですね。反対に『安値覚え』の方は、株価が大幅に下落した後に反転し始めて絶好の買い場だったとしても、投資家の頭には下落後の最安値がアンカー(錨)のように印象に残ってしまうことです」

と言って先生は板書した。

●安値が頭に残っているので『ここで買ってもさらに下がるのではないか』と、下落を恐れて買いのタイミングを逃してしまう

●あるいは、勇気を出してせっかく底値近くで買っても、株価が上昇すると『結構、上がったからまた下がるのでは…』と、我慢しきれず利益確定売りを出して、その後の大きな利益を逃してしまう

隆一は、自分がアンカリングにとらわれやすいタイプだと思った。

〈第4話〉
楽観主義は投資において利点か、それとも…？

「あなたは体が丈夫そうですね」

「ええ、それだけが取り柄みたいなもんです」

隆一は特段、運動や食生活に気を使っているわけではないが、体力と健康には自信があった。

「そう思っている人ほど、体には気を付けないといけません。普段、調子の悪いところがないという人は、少しぐらい無理をしても平気と思いがちです。その無理が積もり積もって、ある日突然体を壊すというのはよくある話ですから」

「先生、大丈夫ですよ、なんとかなりますよ」

「なんとかなる、ですか」

先生は質問を続けた。

「ところで、まったく話は変わりますが、コップの水が半分残っていたら、『もう半分しかない』と思うか、『まだ、半分ある』と思うか、というたとえ話があります。あなたはどちらのタイプですか」

「まあ、そのときの喉の渇き具合によって違う気がしますね」

「ふむ。それはその通りかもしれませんね。では、給料日の3日前にお財布には2000円しかない。しかし、奥さんには小遣いが足りないと言えない場合は、どうでしょう。もう2000円しかないと思うか、それともまだ2000円あると思うか」

「そんなことは毎月の話ですし、2000円あれば、3日くらいなんとかなりますよ」

「そうですか。やはり『なんとかなる』と思うわけですね」

詐欺に引っかかりやすいタイプ

「さて今度は、楽観主義（オプティミズム）の話をしようと思います。この楽観主義は、『明日は明日の風が吹く、ケセラセラ』という意味の『なんとかなるさ』とは、違います」

先生は隆一の目をのぞき込むように話した。

「先生、僕は毎月給料日前に『明日は明日の風が吹く』なんて思っていませんよ。『なんとかなる！』と思って耐えているだけです。先生のおっしゃる楽観主義って、何ですか」

さすがの先生も、少しバツが悪そうに眼をそらして続けた。

「楽観主義というのは、例えば丁半博打のように、確率が50％の賭けがあったとします。合理的に考えれば、丁か半かはあくまで半々ですよね。でも『50％なら自分は勝てる』と思うのが楽観主義、その逆に『50％だと負けるかもしれない』と考えるのが悲観主義（ペシミズム）と言うと分かりやすいでしょうか」

「はあ、そうですか」

生返事の隆一は、先生が何を言いたいのか分からない。

「楽観主義のもたらす投資への影響を話したかったのです。楽観主義は、リスクに萎縮せず、勇気をもって投資に立ち向かえるという面では投資のリターンを大きくする作用もあります。でも半面、自信過剰につながり、非合理な投資行動を引き起こしがちです。詐欺に引っ掛かりやすいタイプに、『自分は大丈夫』『まさか自分が』という人が多いという話もありますね」

「ええ、そういう人に限って引っ掛かるんですよね」

ハハハと空笑いをしながら自分はまさにそのタイプだと隆一はヒヤリとしていた。自分は大丈夫と、根拠のない自信を持つところは、良くも悪くも自分の美徳のようなものだ、と自覚していたからだ。

相場を都合よく解釈してしまう

「でも先生、なぜ楽観主義だと悪いんですか？　自信過剰とおっしゃいますが、自信がないよりはマシなんじゃないですか」

「私たちは投資でも自分の都合の良いように物事を見てしまうということを、戒めたかったのです。楽観主義が自信過剰と結びつくとこんな弊害があります、と言って先生は書き出した。

●自分の投資手腕を過信し、投資が上手くいったときは、自分のやり方が正しかったからだと考え、上手くいかなかったときには、たまたま運が悪かっただけと考える

●それゆえに、過剰なリスクをとる、頻繁に売買するなどの行為をしがち

●ひとたび『きっと上がるに（下がるに）違いない』と思うと、自分に都合の良いシナリオだけに目が行き、他の可能性を過小評価してしまいがち

●相場が自分の想定とは逆に動いていても、自分の間違いではなく『相場がおかしい、いずれ自分の想定の方向に戻る』と考えてしまい、損失が膨らんでしまう

「うっ、確かに怖い話です。僕もデイトレでうまく行っていたときは、自分のことを投資の天才と錯覚して、相場を都合よく解釈していた気がします」

そう返事をしながらも隆一は、自分をコントロールできる自信がなかった。楽観主義で自信過剰なところを、自分の長所のように思っていたからだ。

「なんとかなりますよ」

先生は、笑っていた。

お金がからむと曖昧になる

「さて、今日は『行動ファイナンス』という学問で明らかにされた、人の心理から生じるバイアス（偏り）が引き起こす、非合理な投資行動についてお話をしました。行動ファイナンスを知らないがゆえに、非合理的な行動をしてしまい、投資のリターンを下げてしまうことがある、ということが分かりましたね」

「はい。自分の感情や心理というものが、いかに曖昧でコントロールが難しいものなのかと改めて思いましたね。特にお金がからむと」

隆一が答えると、先生は満足そうな顔になった。

「ふむ、きちんと理解してくれたようですね。行動ファイナンスを学んで心理的な訓練をすることが大切です」

「はい」

隆一は自分が「勉強嫌い」「楽観的でいいかげん」で、今日まで暮らしてきたことを振り返った。ただ、それが自分というものなのだな、と改めて認識した。

そして「まあ、なんとかなるか」と思い、帰路についた。

「投資」と「お金」のコラム④

人間の本能における投資とダイエットの意外な共通点

行動経済学というのは、ダニエル・カーネマンが心理学と経済学を融合させた学問で、2002年にノーベル経済学賞を取ってから一気に脚光を浴びるようになりました。行動経済学は、人間の脳がいかに長期投資に向いていないか、なぜ損を取り返そうとしてよりリスクを多くとってしまうかなどを説明してくれます。

人間の脳が長期投資に向いていないのは、人がダイエットを続けられないのと同じといえそうです。人類の歴史を振り返ると、多くの人が飢餓や疫病の心配をすることなく、生活できるようになったのは、ここ50年ぐらいのことです。

仮に人類の歴史を1万年とすると、99・5％は飢餓との闘いをしていたのです。よってダイエットをしようものなら、脳はまた飢餓がやってきたと勘違いし、カロリー消費を抑え、より多くの栄養を蓄えようとしますので、すぐリバウンドをしてしまいます。

運用も似ていて、人はより多くのお金を蓄えて安心をしたいと思います。よって投資資金がマーケットの変動で下がると、これ以上減らしたくないと思って、すぐ売りたくなりますし、逆に儲かっているときは、もっと早く儲けて飢餓のことなど考えなくてもいい状態になりたいと願うものです。

頭では、長期で投資をしていれば株価は上がっていくことが分かっていても、短期では大きく変動をするので、その変動に対して本能が反応をしようとします。

人間の本能を知るという意味で、選択肢を2つ出します。あなたはAとBのどちらですか？

A：今すぐ10万円もらえる
B：1年後に11万円もらえる
この質問をすると大半の人がAを選びます。
次にこちらの質問をします。

C：1年後に10万円もらえる
D：2年後に11万円もらえる
そうすると今度はDを選ぶ人の方が多くなります。
両方の質問ともに1年間我慢した方が1万円多くもらえるという内容ですが、多くの人が最初の質問はすぐもらいたいと選ぶ。次の質問では、今すぐもらえないんだったら1年も2年も変わらないので、それなら2年後に1万円多くもらえる方がいいという判断をします。
今すぐもらえるものに、より価値を感じるという本能からくる感情になります。これは金融商品のマーケティングにも使われていて、毎月分配金がもらえる投資信託が人気なのはこのためです。
5年~10年使わないお金であれば、分配金をもらわずに複利で運用した方が合理的なのですが、毎月分配型の投資信託を長期資金で買う方が意外と多いのです。
ぜひ行動ファイナンスの知識を手に入れて、合理的な判断ができるようになりましょう。

第5章

長期投資がもっとも優れた投資法である本当の理由

〈第1話〉

猿がダーツで決めたポートフォリオ

次の月の金曜日、隆一は汗だくになってお得意先を回っていた。疲れたので得意先の近くの銀座の喫茶店でアイスコーヒーを注文したところ、「800円です」と言われ、思わず高！　と声に出してしまった。

隆一はせっかく800円も払ったのだからと1時間半も居座り、営業日報をノートパソコンから送りつつ直帰申請をして、新橋の先生のところに向かった。

いつもの通り重厚なドアをノックすると、先生が笑顔で出迎えてくれた。

「よく来たね。あなたに教えることも後半に差し掛かってきましたよ」

と先生は言い、隆一はいつものソファーに腰を下ろした。先生はアイスコーヒーを作ってくれた。

「実は先生…」

と少し隆一は神妙な顔つきで話し始めた。

「先週、父親にがんが見つかったのという連絡が母からあったんです。ただ初期だったので胃を半分摘出すれば大丈夫だろうということで、少し安心はしたのですが」

「今は2人に1人ががんになる時代ですからね。でも初期で見つかったのは不幸中の幸いですね」

と先生は気遣った。

「先生、親父ががんになったと聞いてふと思ったんです。やはり人生、ストレスを溜めないことが大事だなって。投資をもっと勉強したいという気持ちは強いですが、一方で投資をすることがストレスにならないようにもしたいなって」

隆一は先週の行動ファイナンスを学んで、投資でうまくいくためのポイントは自分自身との戦いだと感じていたが、それに不安にも覚えていた。

「それはとてもいい気づきですね。それでは今日は**ストレスなしに投資をするにはどうしたらいいいか**を話しましょう」

「先生、そんな方法あるのですか？」

「あります。何も考えずに株式に投資をして、**投資したことを忘れるのが一番ストレスのない方法**です」

「先生、それができたら苦労しませんよ」

「では、資本主義社会において株価というのは長期的に見れば右肩上がりというところの理解はいいですよね？」

「もちろんです。そこの壁に貼ってあるグラフの話ですよね。２００年前に1ドルを米国株に投資をしていれば、60万ドルになっているっていう」

投資のリターンは9％!? 皆驚いた

隆一はまるで自分が長期投資で成功したような口ぶりでいった。

「あなたがいま当たり前のように言った、２００年間の株式リターンの数字ですが、これを知っていることはとてもラッキーなことなんですよ」

「ラッキーですか」

「そう、今風に言うなら、持ってますよ、あなたは」

隆一はまた馬鹿にされているんだと思い、怪訝そうだ。

「実は、長期的な株式投資のリターンは、1960年代半ばになるまで分からなかったんです。アメリカの経済学者が**株式のリターンを1926年からの40年間で調べ、年率9%のリターンだった**ことを論文で発表したことで、みんな驚愕したのです。それまで株式投資というのは危なっかしくて、債券投資や貯金をしている方が安心と思っていたのが、株式に長期で投資をすると9%のリターンが得られていたことが分かったのですから」

「コンピューターもない時代ですもんね。簡単にデータも集められないし、計算や分析も楽にはできないから。驚くわけですね」

「さらに、この株価のリターンというのがニューヨーク証券取引所に上場をしている会社の株を『等金額』で購入したという前提での計算であったことに驚いたのです」

「先生、たくさんの銘柄に同じ金額で投資をして年率9%のリターンになるなんて、本当ですか？　世の中には企業分析の専門家やチャート分析の専門家がたくさんいるけど、そうそう年率9%なんて出せないじゃないですか。専門家も面目丸つぶれですね」

先生のところに通った成果か、隆一の感想ももっともらしいものになっていた。

「おもしろい話があります。1970年代にプリンストン大学の教授であるバートン・マルキールが著書の**『ウォール街のランダムウォーカー』**の中で、**ウォール街のプロが選んだ銘柄のポートフォリオと、猿がダーツを投げて選んだ銘柄で組んだポートフォリオと成果はほとんど変わらない**と書いたのです。これは大変物議を醸しました」

「いくらなんでも猿と金融の専門家が同じでは、可哀想じゃないですか?」

「いや実際そうだったのです」

先生は繰り返した。

「たとえば新聞の各社の株価欄を壁に貼って、そこに向けて猿が100回ダーツを投げて、100社を選んだとします。すると、100社も選んでいるので、そのポートフォリオという

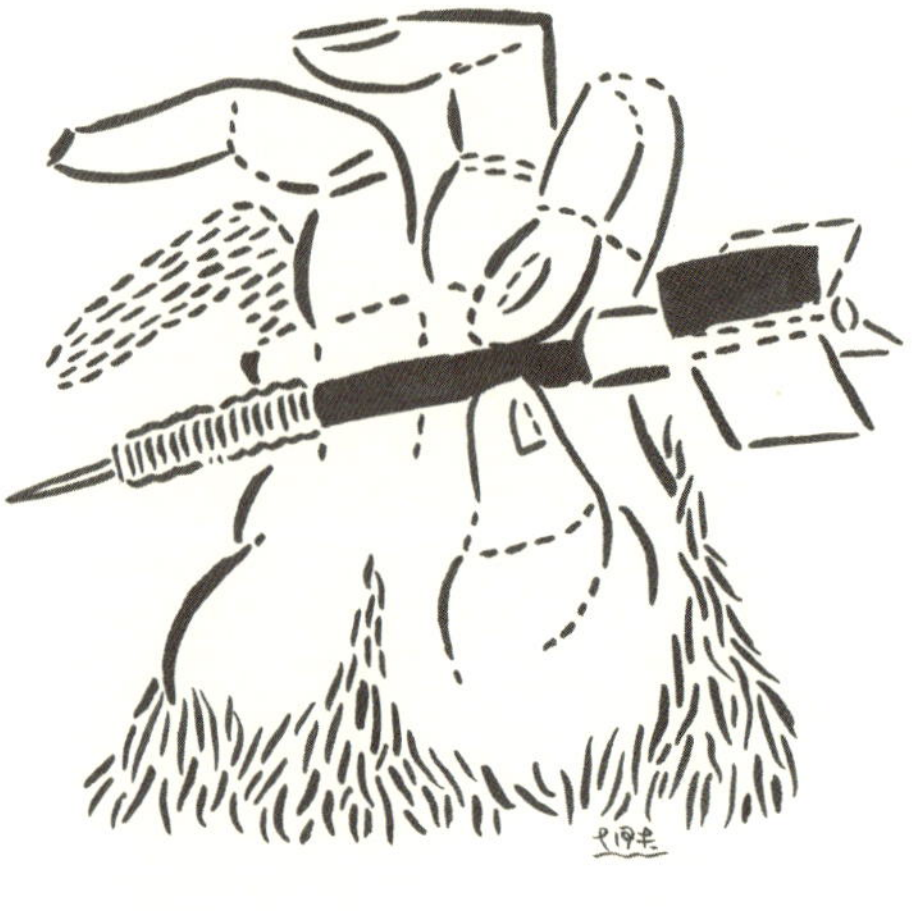

のは市場全体の平均価格と近くなります。それに対して、プロのファンドマネージャーが30社だけ値上がりしそうな銘柄を選んでも、実際には市場全体のパフォーマンスを上回る成績を出すのは相当難しいということです」

「じゃあ、普通に**何も考えずに市場平均を買うのもいい**って話になるんですか」

「そのとおりです。それが一番ストレスのない方法です。もちろん、猿を打ち負かすプロのファンドマネージャーがいないわけではありません。しかし2、3年は勝てたとしても5年以上勝ち続けるファンドはわずかしかなく、期間を伸ばすほど勝ち続けるファンドは減っていきます。よってもしあなたが市場平均に勝ち続けるファンドを毎年選べるのであれば別ですが、そうでなければ、市場平均を長期で持っているのがいいのです」

〈第2話〉
なぜ投資になるとふつうに考えられないのか

どの金融商品、どの投資信託に投資すべきかを自分であれこれ選ぶより、株価指数などのインデックス、市場平均を買った方が長期的には成績がよさそうだ、と隆一は学んだ。先生はそれを踏まえて話を続けた。

「もう1つ重要なポイントがあります。それは**リスクから考える**ということです」

「どういうことですか」

「ハイリスク・ハイリターン、ローリスク・ローリターンの意味は分かりますか？」

「先生、TOEIC400点台ですけど、それぐらい分かります。リスクを取ればリターンがあり、リスクを取らなければリターンはないということですよね」

なぜかリスクを想定しない投資家たち

「その通りです。では、もしあなたが友達に『いっしょに起業をしないか』と誘われたとしたらどうしますか」

「家族もいますし、起業しても10年持つ会社はほとんどないと言われるので、簡単には話に乗れませんね。ただ、うまくいったときにかなり稼げるという見込みがあるなら考えますけどね」

「それはつまり、あなたは今の会社を辞めて起業をするというリスクを取るのであれば、そのリスクに見合ったリターンがないと納得できないということを言っているのですか？」

隆一が、そりゃそうだろと思っていたところに、

「何を当然のことを言っているのだと思っていませんか」

と先生が言うので、隆一は頷いた。

「でもこの当然のことを、投資になるとできない人が多いのです。多くの人がリターンの

ことしか考えていません。たとえば、最近業績のいい個別株があるとリターンへの期待から購入します。でもそこが高値（ピーク）ということがよくあります」

「確かに、すごい儲かりそうという想像はしても、悪いシナリオは考えないですね」

「そんなに都合がいい話はありません。**自分の仕事となればリスクを考えるのに、投資になるとリスクを考えない。**失敗したら臭いものに蓋をする。リターンからしか投資を考えていないうちは素人です。プロは常にリスクから考え、リスクに対して最大のリターンが出ているかを考えます。違う言い方をすれば、**その投資が効率的なのかどうか**ということです」

「でも、**投資になると自分がどれくらいのリスクを取っているか分からない**ので、リスクとリターンの関係を考えられないですね」

「実はこのリスクから投資を考えるというのは、1950年代にハリー・マーコヴィッツという人が初めて論文を出し、その論文でのちにノーベル経済学賞を取ります。それから金融業界の人もリスクとリターンの関係を気にするようになったのです」

「リスクから投資を考えるというのは、つい最近の話なんですね。だとすると、それを一般の人ができないのも無理ないですよ」

リーマンショックで日本の年金はどれほど損した？

先生は、隆一の話に頷いた。

「なるほど、確かにあなたの言うとおりかもしれません。とはいえ、投資ではリスクとリターンをセットで考えるのは大前提です。そして自分が取っているリスクに対して最大のリターン、つまり**最も効率的な資産配分にするために分散投資をする**のです。参考になるのが日本の年金運用です。**日本の年金は約150兆円を株式と債券に投資**しています。ちょうど10年前にリーマンショックが起こりました。その時にどれくらいのマイナスになったと思いますか？」

「リーマンショックですよね。30％ぐらいは下がったんじゃないですか」

「ははは、そんな数字が出ていたらもっと大騒ぎになったでしょうね。でも、実は**マイナス7％で済んでいた**んです」

「そのくらいのマイナスでリーマンショックを乗り切ったんですか。にわかには信じがたいですね。神運用じゃないですか」

「神でもなんでもありません。リーマンショックの時に値上がりした資産が2つだけあります。**日本国債と金（GOLD）**です。当時、日本の年金は全運用資産のうち、約70％を日本国債に投資をしていて、30％が株式でした。株式は軒並み30～50％下落しましたが、70％入れていた日本国債が値上がりしたので、全体のマイナスは7％で済んだのです。**これが分散投資の効果**です。景気がいいときは株式が上がり、景気が悪くなると債券が安全資産で買われるので値上がりします。**この2つを組み合わせることで、リスクを減らしながらリターンを取れるというわけ**です」

いくらまでなら損してもいいか？

「先生、少しずつですが分散投資の意味が分かってきました。私の勤めている会社はスポーツ用品メーカーで元々、野球用品が強かったのですが、冬場に売れるものも必要ということで、バスケットボール用品も開発するようになりました」

「まさに分散効果ですね。季節ごとの売り上げのブレを抑えるために、ラインアップを広げたわけですか」

「売り上げの波がなだらかになりました」

「**〝なだらか〟はまさに分散投資の目指すところ**です。あなたも投資の成績はなるべく安定していたほうがいいでしょう」

「精神衛生上、とても」

「では、もう一度リスクの話に戻りますが、あなたがどれぐらいのリスクを取れるかを考えましょう。仮に500万円を一括投資するとして、**あなたはいくらの評価損まで耐えら**

れますか？」

「５００万円……大金ですね。平常心をなんとかを保てるのは１００万円の損、マイナス20％ぐらいまでですかね。それ以上、損が膨らむと嫁の顔を直視できなくなってしまい、寝つきが悪くなりそうです」

「そうすると、あなたはマイナス20％までのリスクを取れるということです。そのリスクに対して最大のリターンはどれくらいかと考えると、おおよそ年率で４～５％のリターンが出る資産配分で運用をすべきということになります」

「**20％のリスクで４％のリターンじゃ割が合わない**ような気がしますが」

「ポートフォリオマネージャーと呼ばれる人たちは、この20％のリスクに収まるようにしながら、最大のリターンが出る資産配分を考えます。よって、リターンが４％より良くなることもあります。ただ重要なのは、繰り返しになりますが、リスクから考えることです」

「下がったとしても20％ぐらいまでと分かっていたら、仮にそうなったとしてもこれは一時的なものと思って耐えられそうですね」

「まさにそれが、とれるリスクから考える最も効率的な資産運用ということです」

〈第3話〉
やっと腑に落ちた長期分散投資の魅力

隆一は少し不思議に思い、先生に尋ねた。

「先生の話を聞いていると、投資って市場平均で運用するインデックスファンドをいくつか組み合わせて持てば、年利で7%前後のリターンが上がるのでそれほど難しいこととは思えないのですが」

「そうですね。でも、**人は損をしたくないという気持ちがとにかく強い**。お金がなくなると生活ができなくなりますので、生存の欲求が脅かされることになります。これはお金持ちも同じ

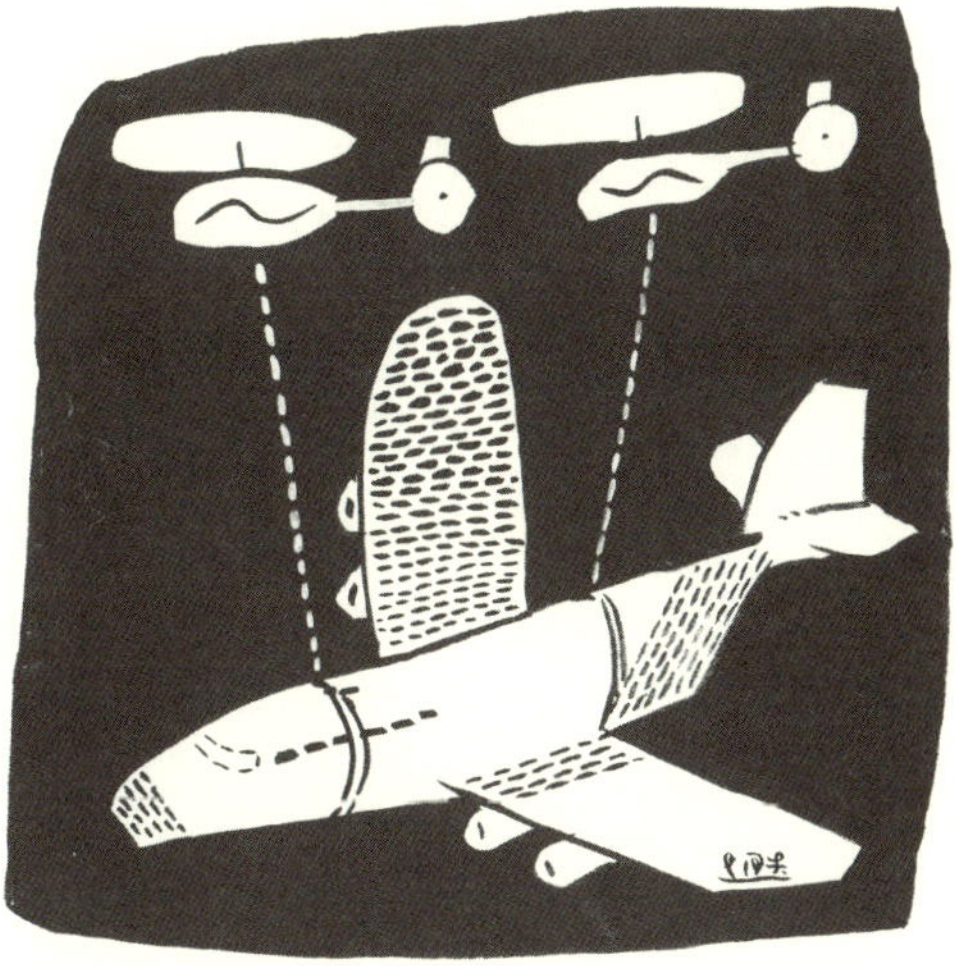

で、今は金持ちでもお金がなかった時期が必ずあるので、運用で失敗するとそこに逆戻りするのではないか、とパニックになってしまいます」

「うちの会社の社長も、若い時はお金がなくて週末にアルバイトをしていたそうで、たまに飲みに連れていってもらうと、あの頃には戻りたくないなと言っています」

「お金が減っていくという恐怖心に打ち克ちながら、投資を継続することは簡単ではありません。前回、勉強した行動ファイナンスの実験でこういうものがあります。たとえば、私とあなたで**ジャンケンをして勝った人が1万円もらえて、負けた人が1万円支払う**とします。あなたはやりますか?」と先生が尋ねると、「絶対やりません」と隆一は即答した。

損失に対して2・5倍の痛みを感じる

「勝つ確率と負ける確率は同じなのに、多くの人がこのジャンケンをやりません。ではジャンケンで勝った人がいくらもらえるとやるかと質問すると、その平均が2万5000円

マーケットに潜む“誘惑”と“恐怖”

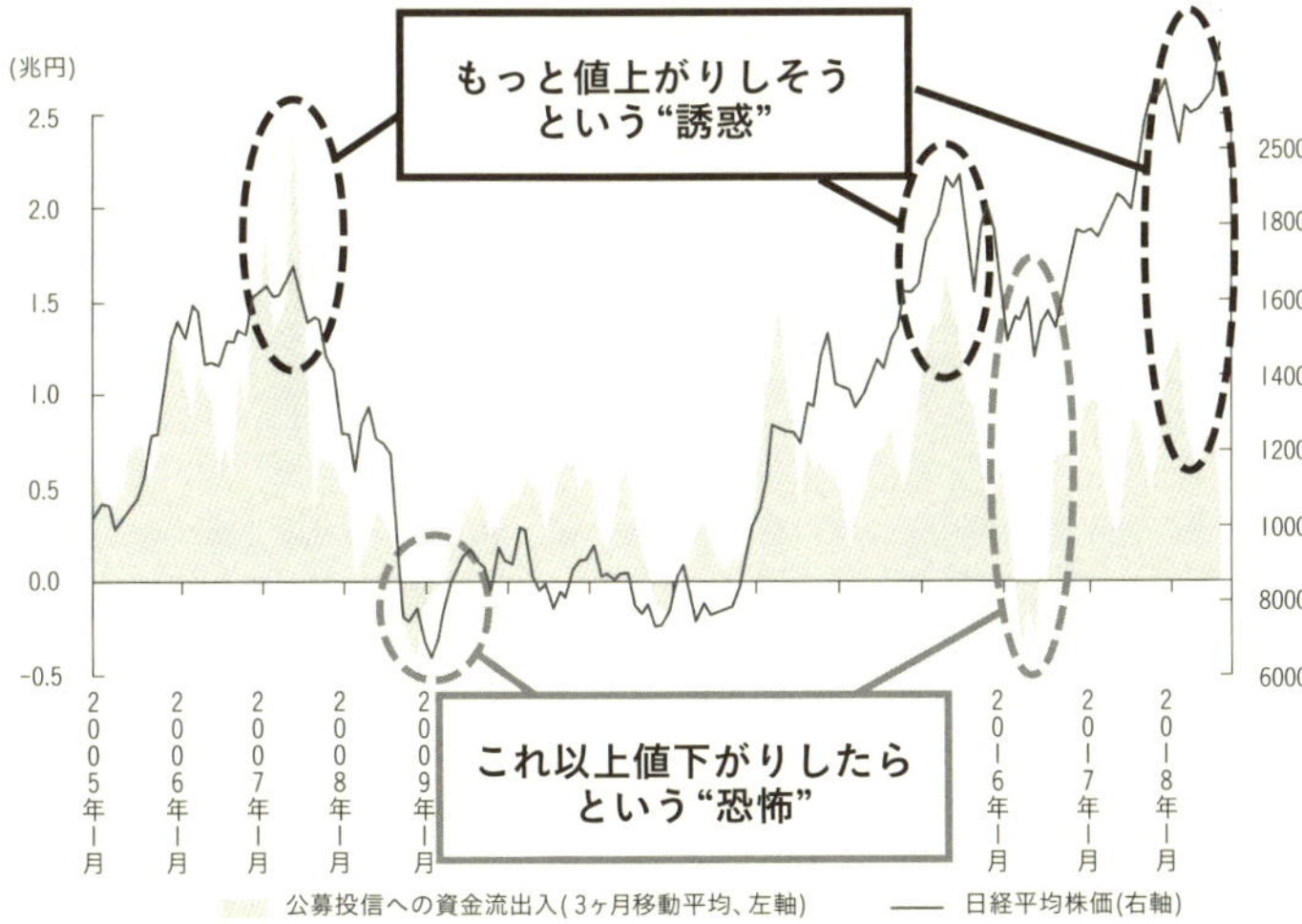

〈出所〉公表データより筆者作成

なのです。つまり、**ジャンケンで勝ったら2万5000円、負けたら1万円という条件ならやる**ということです」

「先生、私もそれならやります」

「この結果から何が言えるかというと、人は損失に対して利益の2・5倍の痛みを感じるということです。それほど損をしたくないのです」

そして、先生はグラフを出してきた。

「このグラフが何を表しているかと言うと、折れ線が日経平均で棒グラフが投資信託への資金流出入額です。流入が多いと棒グラフが高くなり、流出が多いと棒グラフが下に伸びます。これを見てどう思いますか？」

「そうですね、日経平均（折れ線グラフ）が高い時に流入が増えて、下がると逆に流出が増えていると思います」

「その通りです。特に大きく下がると、売る人の方が増えて流出超になってしまうのです。これがまさに**損失回避行動の典型**です」

「先生、だから分散投資なんですね。先生が最初に言った、投資とは飛行機に乗っているのと同じで、途中で必ず揺れるが、その揺れに耐えられれば目的地まで辿り着けるという話を思い出しました。株式100％のポートフォリオだと、経済危機が起こると評価損がマイナス50％ぐらい出ることがあるのでその揺れに耐えられない。飛行機から飛び降りたくなるのであれば、債券を入れて揺れをマイルドにしておかないといけないですよね」

「すばらしい答えです」

先生は、少しずつ隆一の中で、投資の知識が点から線、線から面になっているのに目を細めた。

これはノウハウより大切な話

隆一はさらに続けた。

「先生がどうして投資テクニックの話をしないで、資本主義や株式会社の成り立ちの話を教えてくれたのかが分かってきました。資本主義では人間の欲望がある限り、経済は成長し続ける。株式会社も成長できなければ市場から出ていくしかなく、そうした企業の新陳代謝が起こりながら、米国株は年率7％のリターンを出してきた。ただ、人は周りが株を買って短期的に儲かったと聞くと自分も買いたくなり、買う人が増えるとその会社の価値以上の価格がマーケットでついてバブルが起こる。反対にバブルが崩壊すると、今度は価値以下の価格でも人は売ろうとしてしまう。しかも、評価損の痛みは2・5倍に感じるので、自分のリスク許容度に合ったポートフォリオ（資産配分）を組まなければ投資を続けられないということですね」

隆一は赤ちゃんがある日急に言葉を発したように、一気に話した。

「いよいよ私の教えることも終盤に入ってきたようですね」

先生は名残惜しくもあり、ただみんなが通るべき道を隆一も通り過ぎようとしているのを感じた。

「物事には、原理原則というものがあります。そして、あなたは長期分散投資の原理原則を理解しました。ここまでくるとあなたが資産運用で成功する可能性は格段に上がったといえるでしょう。ただ、相場の急変時にはまだパニックになってしまう可能性があります」

「先生、私の中に軸のようなものができていますので、その軸があればマーケットの急変時も大丈夫なような気もしますが」

と隆一は、食い下がった。

「確かに、あなたはすでに投資のことを体系的に学んだので、軸はできたと思います。ただ、あと少しだけあなたに教えなければいけないことがありますのでまた来月その話をしたいと思います」

〈最終話〉

もう投資なんてしないなんて言わない

いつものように隆一は、最終金曜日の19時に先生のところに向かった。

今日が最後になると思うと、本当に自分は先生から教わったことをきちんと理解しているのだろうかと不安になった。

新橋の日比谷神社の横の階段を降り、ドアをノックしたが先生は出てこない。ドアを押すと鍵はかかっておらず、スッと開いた。

中に入ると先生の姿はなく、ソファの前のテーブルに1通の手紙がおいてあり、表には「木村隆一様へ」と書かれていた。

隆一はソファに座り、手紙の封を切った。

木村　隆一様

あなたと初めて会ってから早いもので半年が経ちました。

あなたはかつて見よう見まねで始めた株式投資で失敗し、損を出したことを後悔しつつも、投資を体系的に身に付けたいという思いで、毎月私を訪ねてきました。

私はあなたに伝えたように、もうすでに何十年も前のことですが、為替のトレーダーをしていました。

そこであなたと同じように〈Mr.マーケット〉に振り回され、自分をコントロールできなくなり大きな損を出した上に、大切な友人も失いました。

その後、マーケットからリサーチの仕事に変わり、企業分析などをしていました。

あれはもう15年前になるでしょうか。出張でニューヨークからボストンに行くために飛行機に乗ると、隣に60代の女性が座りました。

その女性に「あなたは何の仕事をしているの？」と聞かれたので、「ファイナンスの仕事をしています」と答えると、「それは本当に素晴らしい仕事をしているわね。私がこうして悠々自適な生活ができるのも、投資をずっと継続してきたお陰なの」と言うのです。

さらに「若い時から給与天引きで投資信託を購入してきて、リタイアする頃にはそれが、100万ドルになっていてもうびっくりしたわ。それをいまでも年率4％前後で運用しているので、そのお金で旅行に行ったり、孫の教育を支援したり、教会に寄付をしたりできているの。本当に投資ってすごいわね」と興奮しながら話すのです。

その言葉を聞いて、私は脳天を撃ち抜かれたような感覚に襲われました。

そこから、私のライフワークは、いかにこの女性のように投資の力で幸せになる人を多く作ることができるかになりました。

日本ではまだ、投資へのアドバイスというとテクニックに関する話ばかりで、私からすると、ギャンブルで勝つ方法となんら変わりはありません。

それよりも、なぜ株式に分散投資をすれば7％で回るのか。それには、資本主義という社会システムであったり、人間の欲望が起業家を生み出したりすることを、みんなが理解する必要があることに気がついたのです。

あなたが株式に投資したお金は、ギャンブルに消えるお金と違い、そのお金を使って新しい付加価値が社会に提供され、そこから利益が生み出されることによって、増えていきます。

東インド会社が稀少な胡椒をヨーロッパに持ち帰ることで利益を上げたように、現代の株式会社もアップルやアマゾン、ユニクロのように常に顧客に喜ばれるモノやサービスを作ることで利益をあげ、成長をしていきます。

NYダウは120年前に100ドルからスタートしましたが、それが120年後に2万5000ドルになっています。NYダウに採用されている会社はどんどん入れ替わっていますが、NYダウに投資をしていれば実質年利7%のリターンを得られているのです。

ただ、長期投資で成功するには2つの敵があなたの前に立ちはだかります。1つ目は変動という敵です。株式市場は短期的には大きく変動することがあり、必ず何年かに一度はバブルが膨らみ、はじけます。

1年で2倍になることもあれば、リーマンショックの時のように半年で半分になることもあり、その変動に多くの人が振り回されてしまいます。

そしてもう1つが、自分自身の欲望と恐怖という敵です。バブルが起きたときは、もっと儲けたいという気持ちが心を支配し、暴落したときは日々資産が下落していく痛みから早く解放されたいと願います。この2つの敵が頭の中にいるうちは、マーケットに飲まれてしまっています。

しかし、あなたがこの半年間で学んだことを血肉にすると、2つの敵は姿を消し、日々のマーケット変動からくる苦悩から解放されるはずです。まるで釈迦が菩提樹の下で悟りを開いたのと同じように。

あなたには投資のことを考えるより大切なものがあります。それはいい仕事をして自己を高めることや家族や娘さんとの時間などだと思います。

毎月の給与から天引きで投資を続け、雨の日も晴れの日も嵐の日も気にすることなく、投資を継続してください。そして、あなたが体力的に仕事を続けるのが困難になったときには、その積み重ねてきた投資が大きなリンゴの木のようになってあなたを支えることでしょう。

この継続が、決して容易なものではないこともすでにあなたは知っています。しかし、あなたはそこまで辿り着ける知識と資格、そして勇気があり、私は数十年後にあなたがそこに到達しているのをハッキリとイメージできます。

もうこれ以上、私があなたに伝えることはありません。あなたのこれからの人生がこの半年の学びをきっかけに少しでも良い方向に進むことを願っています。

手紙を読み終わった隆一は、

「先生、もう投資なんてしないなんて、言いません。絶対」と誓った。

Part 2

一番シンプルで一番儲かる方法を実践する（ノウハウ編）

お金が増える
具体的で実践的な方法

さて、迷える投資家・隆一君と、ベテランの先生の〝投資授業〟はいかがでしたでしょうか？　なぜ、投資をすべきか、どういったスタイルで投資をするのが望ましいかについては、みなさんは十分理解されたでしょう。

では、ここからは、先生に成り代わって、筆者が具体的で実践的な投資の方法を紹介していきます。

せっかく長期投資の考え方を理解しても、それを実践する際に迷ったり、心無い人に間違った投資法を勧められてしまうというケースをよく聞きます。迷わないための方法を書いていきますので、もし迷ったら何度も読み返してください。

今後みなさんは**投資を習慣化、仕組み化する必要があります**。

習慣になっているほど強いものはありません。野球選手のイチローは毎打席同じルーティンで打席に入ることで有名ですね。投資も習慣にすることが必要で、**そのための方法が毎月の積み立て投資です**。

積み立て投資は、給与振込の銀行口座から毎月一定の金額を天引きし、そのお金で投資信託を毎月一定金額買い付ける仕組みです。この天引きというのが、絶対条件になります。

「パーキンソンの法則」というものがあります。

これは〝**支出の額は、収入ギリギリまで膨張する**〟というもので、普通口座にお金が貯まると、その分が支出として出ていってしまいます。だからこそ、天引きのような強制力が必要なのです。

さらに、積み立て投資のいいところは、相場が下がったときに力が発揮されるということです。具体的に過去の事例を使って説明をしていきます。

たとえば、２００３～２０１４年の期間を取って考えたいと思います。

なぜこの10年を使うかといえば、この期間のほぼ真ん中の２００８年にリーマンショックがあり、多くの人が投資をしていてもあまり儲からなかった10年だと思っているからです。

１００年に一度と言われる暴落があったのですから、現金で持っていた方がいいと思うでしょうが、実際は積み立て投資をしている人にとっては、このリーマンショックを挟んだ10年間はとてもいいマーケット環境だったのです。

では、この10年間の日経平均株価の動きを簡単に説明をします。

日経平均株価の推移

2003年～2014年

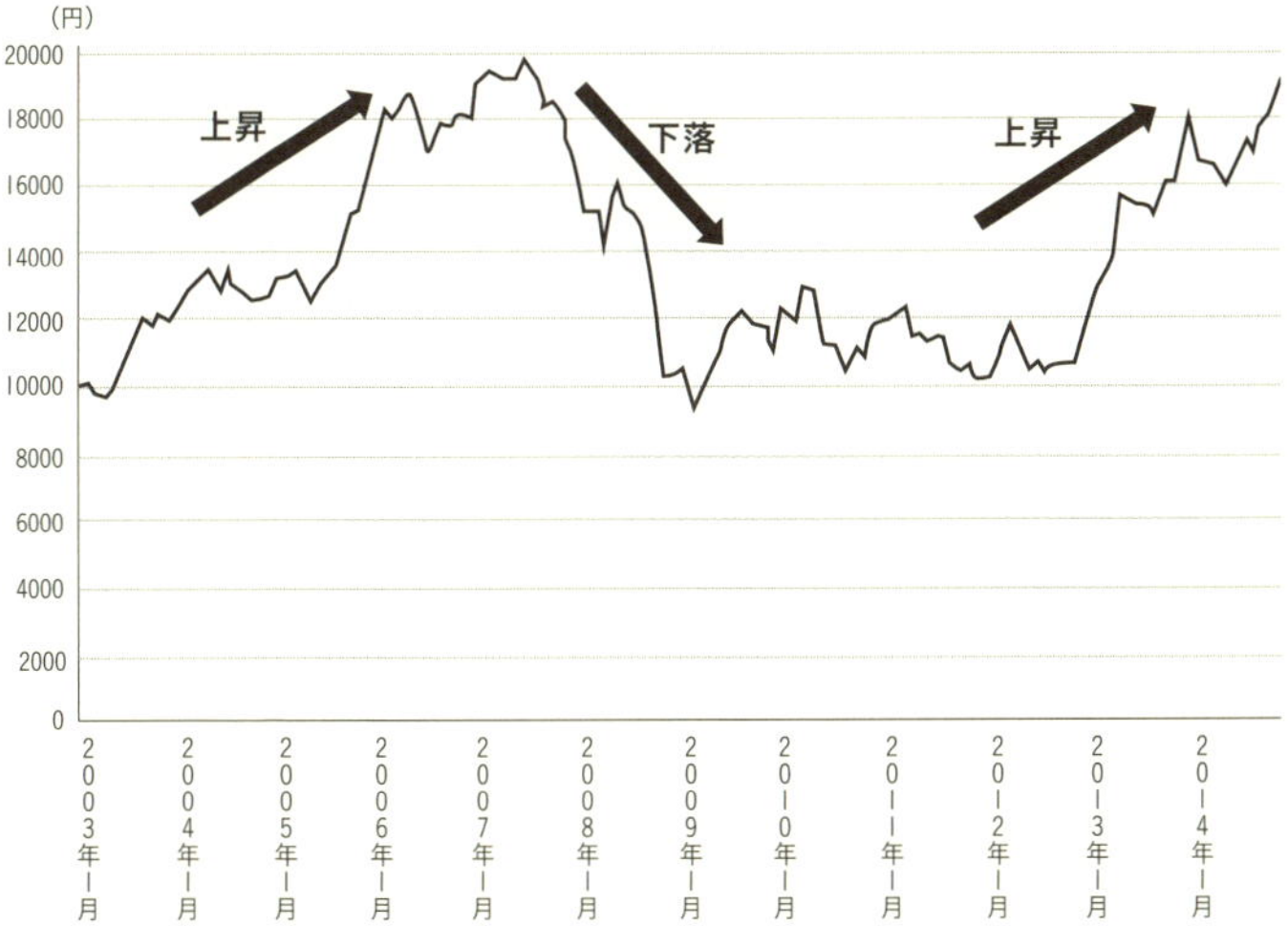

- ●2003年4月、日経平均株価は8000円を割る。当時は小泉政権だった
- ●為替が円安にふれたこともあり、その後4年間で日経平均は1万8000円まで急上昇
- ●2008年9月、アメリカでリーマン・ブラザーズが破綻し、リーマンショックが起こる
- ●日経平均株価は1万8000円から7000円まで1年で急落
- ●その後、いったん株価は戻るも、ギリシャショックで再び日経平均は1万円割れ

◉2013年から始まったアベノミクスで、日経平均は1年間で57%の上昇をみせ、1万6000円まで上昇

このジェットコースターのような変動こそが、マーケットそのものです。この10年に注目した意味は、これほどの乱高下でもきちんと積み立て投資を継続していれば、プラスのリターンになっていることを見てもらうためです。

では、実際の投資の成果をみていきます。2003年、日経平均株価が1万円のときに100万円を投資した人が、そのまま10年間持ち続けた場合、100万円は160万円に増えています。

しかし多くの人は、最初の4年で180万円に上昇したときは、まだ上がると思って保有し続け、一転リーマンショックで80万円に下がったときに怖くなって売却、もしくは買値の1万円に戻ったときにやれやれと売り、なんとか元本の100万円を確保したと思います。

それに比べて、日経平均株価に毎月1万円ずつ投資し、10年間投資を続けた人はどうなったかというと、**120万円が155万円になっています。**

ちなみに、NYダウも日経平均と同じような動きをしました。日経平均と違うのは、リーマンショック前の高値を抜いて、最高値を更新しているところです。海外株に投資する投資信託に毎月1万円を10年間投資をした場合は、**120万円が約170万円になります。**日経平均に投資した場合の155万円よりも良いリターンになっています。

このように、積み立て投資を10年単位で区切った場合、リーマンショックのように途中で下がって最後にまた上がるという値動きが一番理想なのです。

資本主義経済ではバブルは繰り返すので、一括で投資をするより積み立てで投資をした方が精神衛生上平穏でいられます。しかし、それでも途中の下げ相場で振り落とされそうになります。

だからこそ、自分ではどうしようもない強制的な仕組みを使うのです。**積み立て投資であれば、株価が安くなったときにも、強制的に毎月天引きで買い続けられます。**これを習慣にできた人が、将来的にプラスのリターンをとることができるのです。

具体的実践方法①

世界株式型のインデックスファンドに投資する

では具体的にどのように金融商品を選べばいいかをお話しします。

まず、どの投資信託を買えばいいかです。

投資信託には**インデックスファンドとアクティブファンド**の2種類があります。インデックスファンドとは、日経平均株価などの指数に連動する投資信託で、いわゆる市場平均を買うことになります。

一方、アクティブファンドは市場平均より長期的に良い成績を出すことを目指す投資信託です。ただ、現実にはそう簡単に勝てるものではありませんし、無数にあるアクティブファンドの中から、優れたアクティブファンドを探すのは至難の業です。

アメリカでは**アクティブファンドの多くがインデックスファンドに5年間の成績で負けている**というデータもありますので、まずはインデックスファンドを使いましょう。

そして、インデックスファンドの中では、**全世界の株式市場に丸ごと投資する全世界株**

式型のインデックスファンドがいいでしょう。

今は米国が世界の株式市場の半分を占めていますので、半分は米国株に投資するイメージです。

とはいえ、世界全体でみれば右肩上がりで成長をしていきますので、そこに丸ごと投資をしていくわけです。

具体的実践方法②

ファンドのコストは基本的には低いものを選ぶ

次に投資信託にかかるコストの話をします。

投資信託には、いくつかのコストがかかります。ざっくり言えば3種類です。**「買うとき」「保有しているとき」「売るとき」**です。

買うときのコストは、販売手数料と言いますが、これが無料のノーロードファンドが増えています。インデックスファンドはノーロードがほとんどです。それよりも気にすべきは、保有時のコストで信託報酬と呼ばれています。漢字では報酬と書いていますが、これは投資家が払うコストのことになります。投資信託の運用を任せるためのコストと思ってください。

ただ、長期投資になればなるほど、この保有期間にかかるコストが運用成績に大きな影響を及ぼします。同じ指数に投資するインデックスファンドであれば、**信託報酬の低いものを選んだほうがいい**ことになります。

最近は運用会社間の競争も激しく、インデックスファンドのコストは年々下がっています。一昔前は世界株のインデックスファンドでコストが1%ぐらいかかるのが普通でしたが、いまは0・2%前後まで下がっているので、かつての5分の1です。これは投資家にとってはいいトレンドです。

一方、アクティブファンドに関しては、コストとリターンの関係でみる必要があります。つまり高いコストを払ったとしても、それに見合うリターンをあげてくれるのであれば、そのコストを喜んで払う人はいると思います。

米国のS&P社が出しているSPIVAというレポートを見ると、世界のそれぞれの株

投資地域別、インデックス(指数)を上回るアクティブファンドの比率

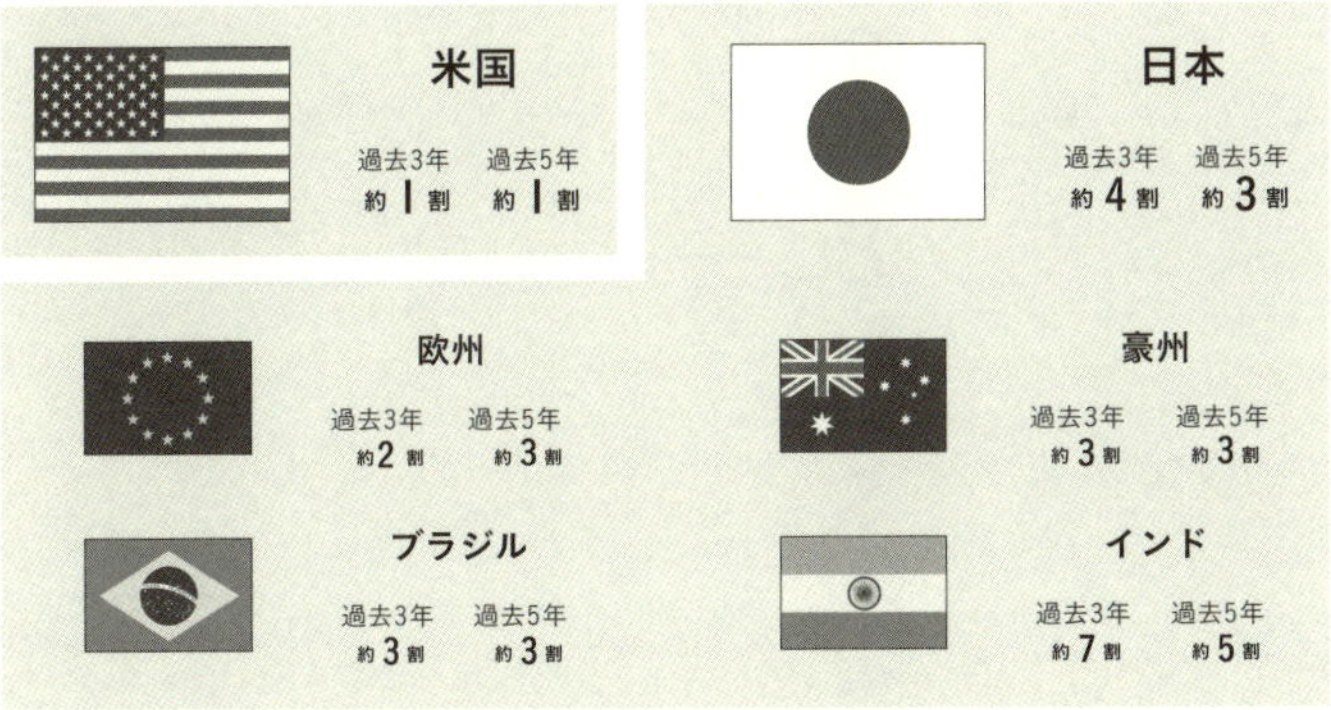

〈出所〉S&P Indices Versus Active より筆者作成

式マーケットの中で、何割のアクティブファンドがインデックスファンドに勝っているかを知ることができます。ちなみに、米国では1割のアクティブファンドしか勝てていません。一方、日本の大型株では過去5年間で約30%のアクティブファンドがインデックスに勝っていますので、日本はアクティブファンドを選ぶ価値のある市場ということになります。

また最近では独立系運用会社が残高を増やしています。代表的なところではさわかみ投信、セゾン投信、ひふみ投信、コモンズ投信などがあります。これらの会社が運用する投資信託を積み立てるのも1つの選

択肢として考えていいと思います。

なぜなら、これらの運用会社はトップの顔が見えて、発信力が強いからです。

長期間に渡り積み立て投資を継続するのは簡単ではありません。山もあれば谷もあります。その時に、信頼できる人の運用する投資信託であれば、その山谷を乗り切れる要素にもなると思います。

具体的実践方法③

iDeCoとNISA、驚くべき節税効果とは？

いま日本は少子高齢化が進み、国の借金も膨れ上がっているので、かつてのように個人が国や会社に頼るのではなく、自分自身で老後の生活資金を作るべしという方向に進んでいます。その支援策として、投資の税金を安くする制度が作られています。それが**NISA（ニーサ）**、**iDeCo（イデコ）**になります。

では、どういう順番でこれらを使うか。**まずはｉＤｅＣｏから使いましょう。**

なぜｉＤｅＣｏから使った方がいいかというと、税制のメリットがｉＤｅＣｏは３つあり、ＮＩＳＡは１つだからです。

日本の年金制度をおさらいすると、その構造はよく家の階数にたとえられます。まず全国民が国民年金に加入をしています。これが１階の部分です。次に厚生年金があり、これは公務員、会社員は全員入っており、これが２階部分になります。そしてｉＤｅＣｏというのは、個人型確定拠出年金のことで３階部分にあたります。

ｉＤｅＣｏのいいところは３つあります。

まず入り口で**掛け金が全額所得控除**になります。そして運用期間中の**運用益に対して通常20％取られる税金が非課税**になり、さらに出口についても**60歳以降に受け取る際に退職所得控除などが使えます。**

ｉＤｅＣｏを使って毎月いくら積み立てできるかは、属性によって違いがあるので、説明をしておきます。

①自営業者→最大月額6万8000円
②企業年金制度のない会社員→最大月額2万3000円
③専業主婦→最大月額2万3000円
④企業年金に加入している会社員→最大月額1万3000円
⑤企業型確定拠出年金に加入している会社員→最大月額2万円
⑥公務員→最大月額1万2000円

仮に30歳、年収400万円の企業年金制度のない会社員が毎月2万3000円の掛け金を60歳まで30年間払ったとします。すると税金が毎年約8万円減るので、**節税額だけで30年間で240万円**になります。

さらに、この月2万3000円が年利5%で30年間運用できたとすると、60歳時点で約2000万円になります。そのうちの約1000万円が運用益ですので、通常なら1000万の20%＝200万円が税金で持っていかれるのですが、iDeCoだと非課税です。

つまり、入り口と運用期間の非課税だけで**240万＋200万＝440万の節税**ができるというわけです。

「人生には確実なものが2つある。それは死と税金だ」という言葉があるぐらいですが、ｉＤｅＣｏを使うと税金がかなり安くなります。これを使わない理由はありません。

また**60歳になるまで引き出すことができない**のもこの制度のいいところです。途中で家を買いたくても、学費にお金がかかっても、このｉＤｅＣｏの資産は引き出すことができません。だから、**長期投資に向いています。**

次にＮＩＳＡの説明をします。

ＮＩＳＡは少額投資非課税制度と呼ばれるものです。その名の通りで、**投資で出た値上がり利益分が非課税になる制度ですが、2タイプあります。**

1つは**一般ＮＩＳＡ**と呼ばれ、**年間120万円×5年間で600万円までＮＩＳＡ口座で投資をする**ことができます。もう一つが、**つみたてＮＩＳＡ**と言われるもので、これは**年間40万円×20年間で800万円まで投資**できます。

個別株を買いたいのであれば、つみたてＮＩＳＡは投資できる対象が投資信託に限られるので、一般ＮＩＳＡを選ぶしかありません。今回は投資信託での運用が基本になるので、どちらを使っても大丈夫ですが、長期投資であることがポイントになります。

積み立て投資をするのであれば、つみたてＮＩＳＡを使いましょう。

つみたてＮＩＳＡは投資できる投資信託が決められていて、販売手数料がかからず、信託報酬も比較的低いものしかラインアップに入っていません。

その中から、全世界型の株式インデックスファンドを選び、**年40万円÷12カ月＝毎月最大3万3000円分を、20年に渡って積み立てていきます。**

あくまでシミュレーションですが、この２つの制度を利用して毎月５万６０００円（ｉＤｅＣｏ２万３０００円、積立ＮＩＳＡ３万３０００円）を運用し、30年間回したとします。

そして、株式投資の平均リターンである７％のリターンが得られれば30年後、いくらになっているかというと、**６８００万円**になります。

ちなみに、元手はトータルで約２２００万円です。さらに5年伸ばして**35年間にするとちょうど1億円になります**（**つみたてＮＩＳＡは現状は20年間しか継続できません**）。

1億円あるとどういう生活になるかというと、現在日本の金利は実質ゼロですが、米ド

毎月5万6000円を年率7％で
35年運用した場合

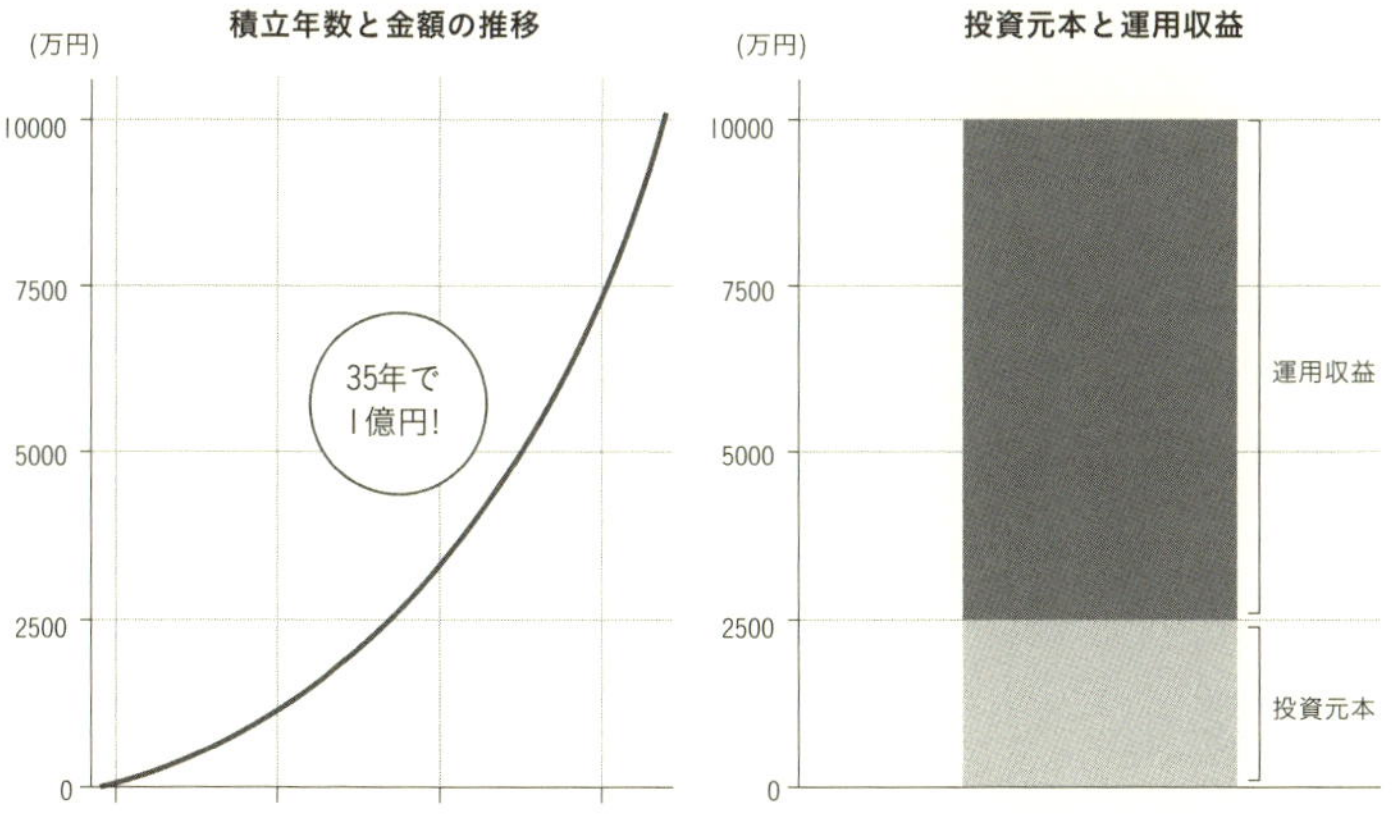

ル建て債券で利回りが4％のものを1億円分買えば、米ドルで年間4万ドル利息が入ることになります。

仮に円ドルレートが100円～120円の間で動いたとすると、円ベースで**400万～480万円が毎年入ってくる**ことになり、年金と合わせれば十分ゆとりのある生活ができるでしょう。

1億円貯めることは決して夢物語ではありません。退職後にお金の心配をしないで生活できることをイメージし、ぜひ毎月積み立て投資を継続してみて下さい。

50歳から投資を始めても遅くない（Aさんの例で解説）

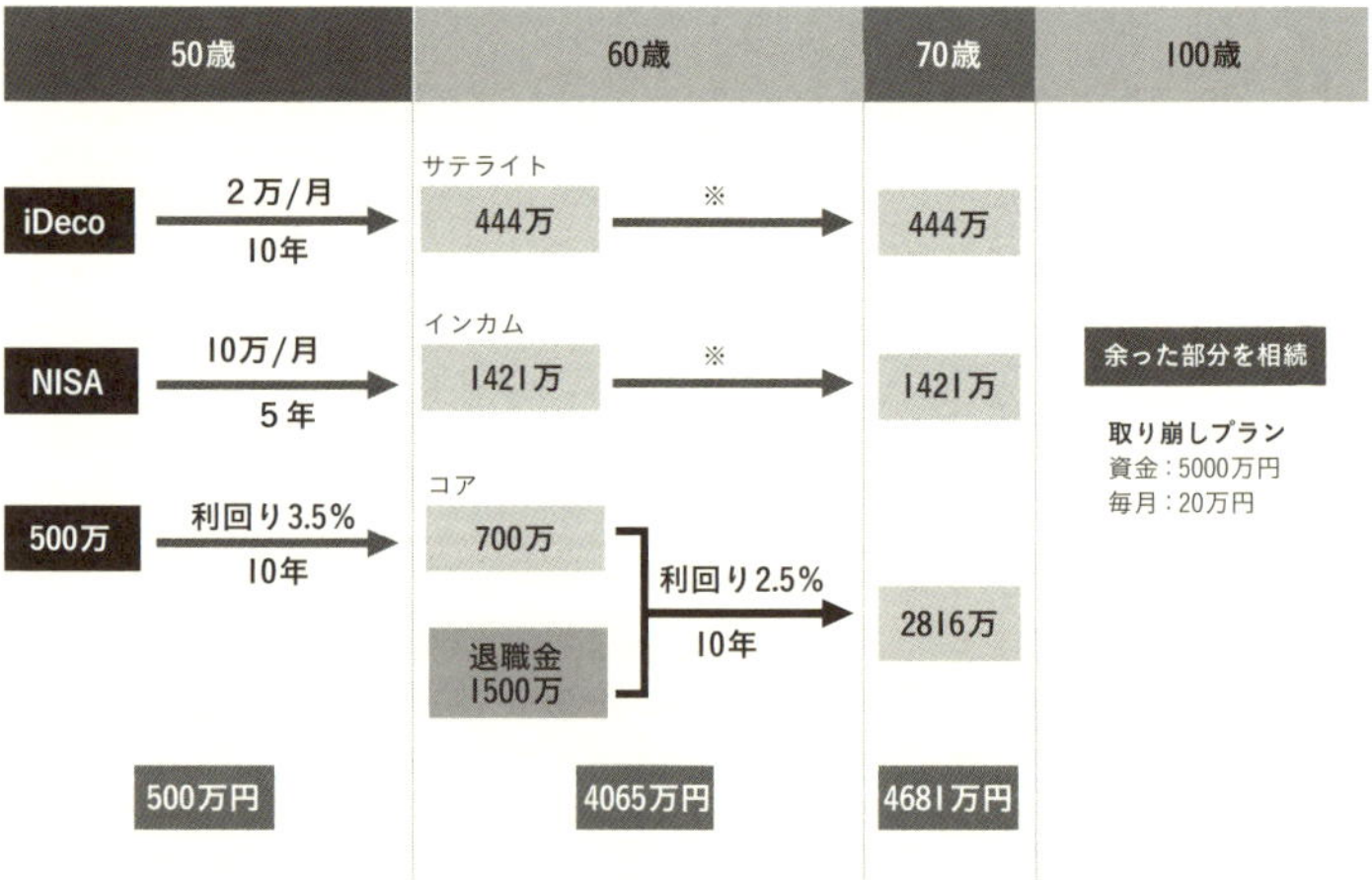

具体的実践方法④

50歳から始めても5000万円作れる

積み立て投資というと20代、30代向けと思っていて50歳前後の方は関係ないと思いがちですが、人生100年時代では50歳からでもまだまだ資産形成は間に合いますので、事例を使って説明します。

Aさんは50歳の男性で、一人息子がちょうど大学を卒業して社会人になり、家計にも少しゆとりが出てきました。50歳になると老後のことが気になり始めましたが、こ

※10年間運用した結果プラスマイナスゼロだったと仮定

①iDeCoの活用例

毎月２万円を10年間積み立てた場合　元本240万円→444万円に！

（国内株式20％、先進国株式50％、新興国株式30％）

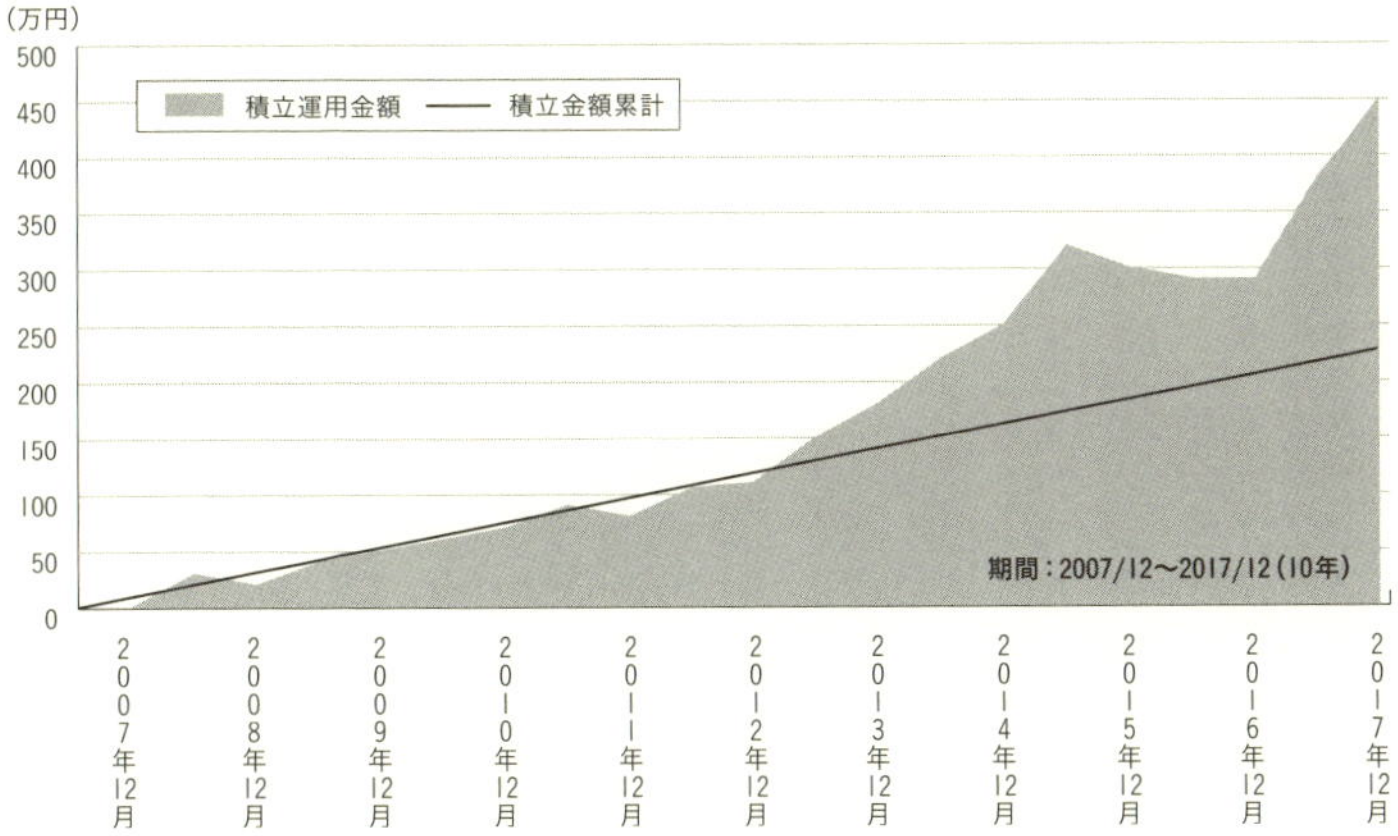

れまで資産形成のことなどを考えずに過ごしてきたので、投資経験もそれほどありません。

Aさんの年収は700万円、貯金は1000万円、60歳時に退職金が1500万円もらえます。この状況で50歳からどのような運用をしていけばいいか考えたいと思います。

まず勤めている会社に確認をしたところ個人型の確定拠出年金（iDeCo）に毎月2万円掛けられることが分かったので、ネット証券に口座を開き、iDeCoをスタートすることにしました（上の図①）。

仮にAさんが10年前から毎月2万円を①

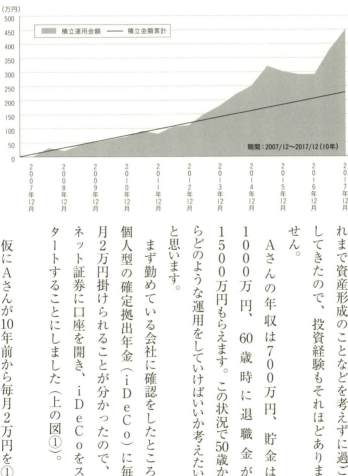

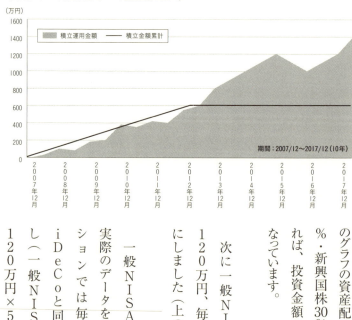

②NISAの活用例

毎月10万円を5年間積み立てた場合　元本600万円→1421万円に！

（国内株式20%、先進国株式50%、新興国株式30%）

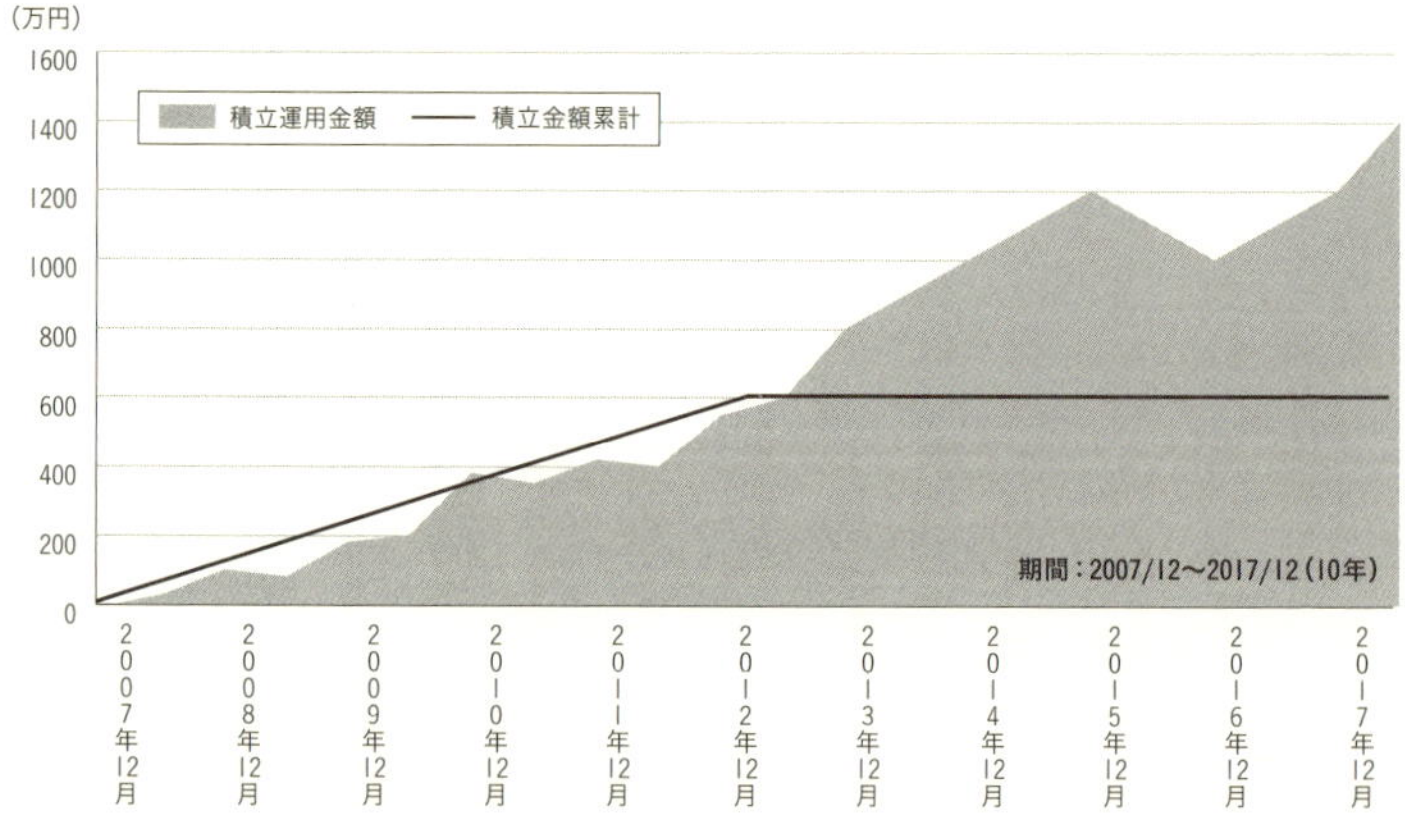

のグラフの資産配分（日本株20%・先進国株50%・新興国株30%）で積み立てをしていたとすれば、投資金額240万円が444万円になっています。

次に一般NISAを限度額一杯の年間120万円、毎月10万円を積み立てることにしました（上の図②）。

一般NISAについても過去10年間の実際のデータを使います。このシミュレーションでは毎月10万円の積み立てをiDeCoと同じ資産配分で5年間継続し（一般NISAの上限枠である年間120万円×5年間＝600万円）、その

50歳Aさんの資産配分

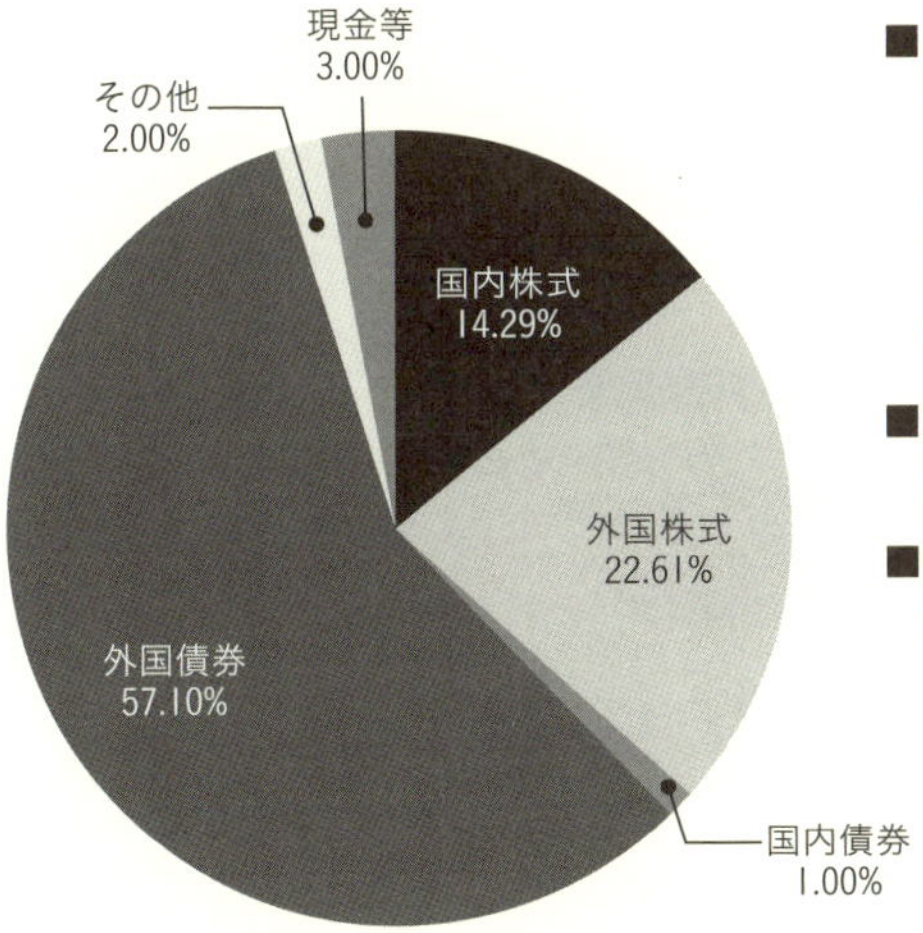

■内訳

国内株式	14.29%
外国株式	22.61%
国内債券	1.00%
外国債券	57.10%
その他	2.00%
現金等	3.00%

■想定リスク

6.9%

■想定リターン

3.5%

後の5年間はそのままロールオーバーで投資を継続したとします。そうすると、投資をした600万円が過去10年間のデータを取ると1421万円になっています。

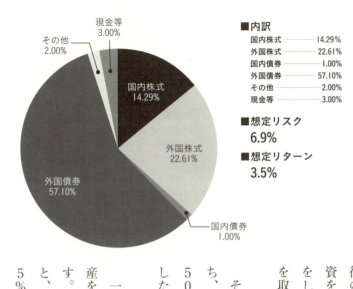

そしてAさんは貯金1000万円のうち、10年以上は手を付けることがない500万円を一括投資に回すことにしました。

一括投資は時間分散ができないので、資産を分散させてポートフォリオ運用をします。Aさんが取れるリスクから計算をすると、上図の資産配分の想定リターンが3.5%になることが分かりました。投資元本

資産を3つに分けて運用する

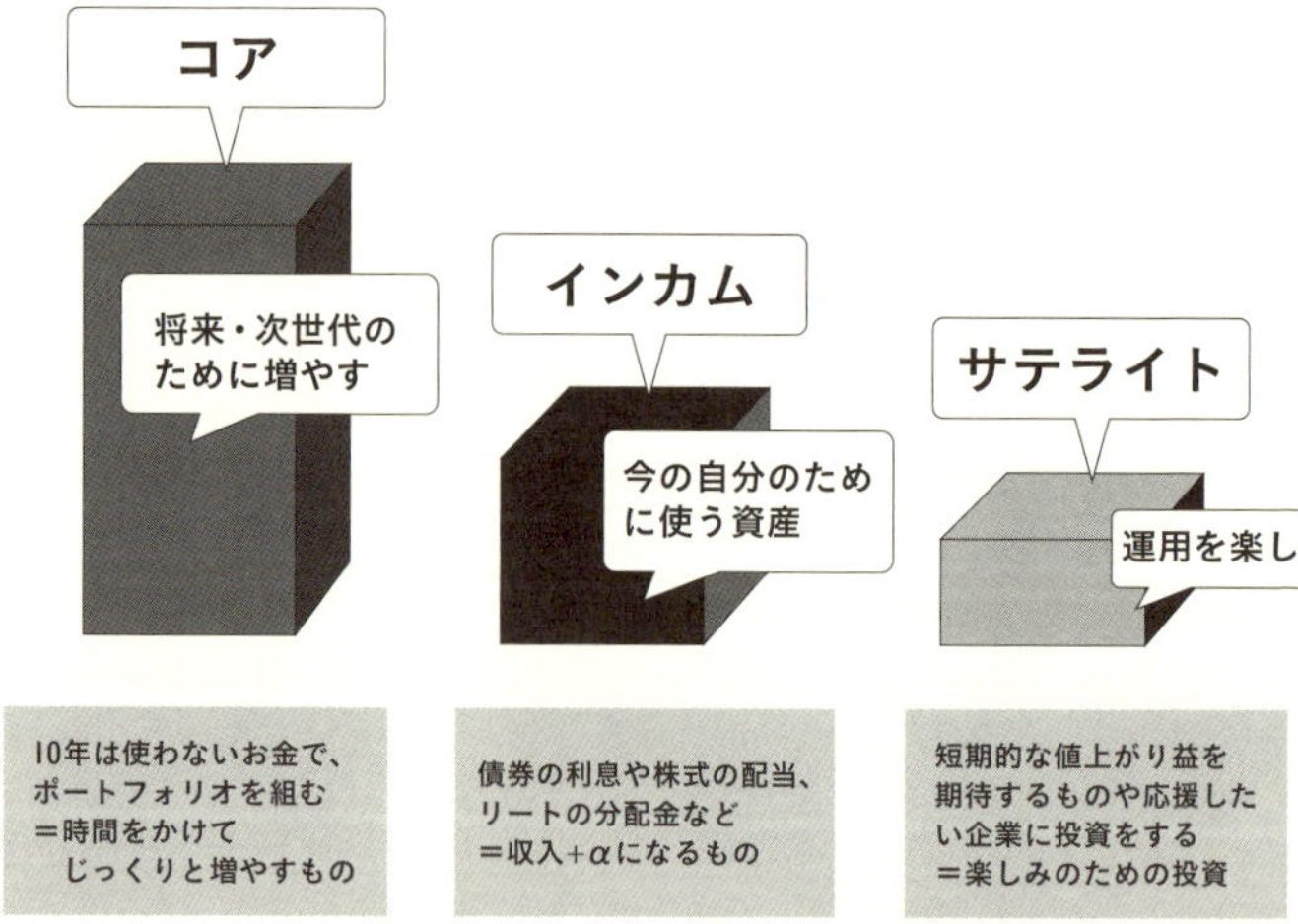

500万円を10年間3・5％で運用すると約700万円に増えています。まとめると、iDeCo、一般NISA、一括投資の3つを使って10年間運用した結果、資産が2565万円になり、退職金1500万円を足すと、4065万円になります。

その4065万円を3つのポケット（コア、インカム、サテライト）に分けます。コアのポケットはさらに10年運用するお金。インカムは債券やリートなどを買い、毎月のお小遣いにします。

そしてサテライトは自分が興味のある分野に投資をします。

60歳以降はリスクを抑える

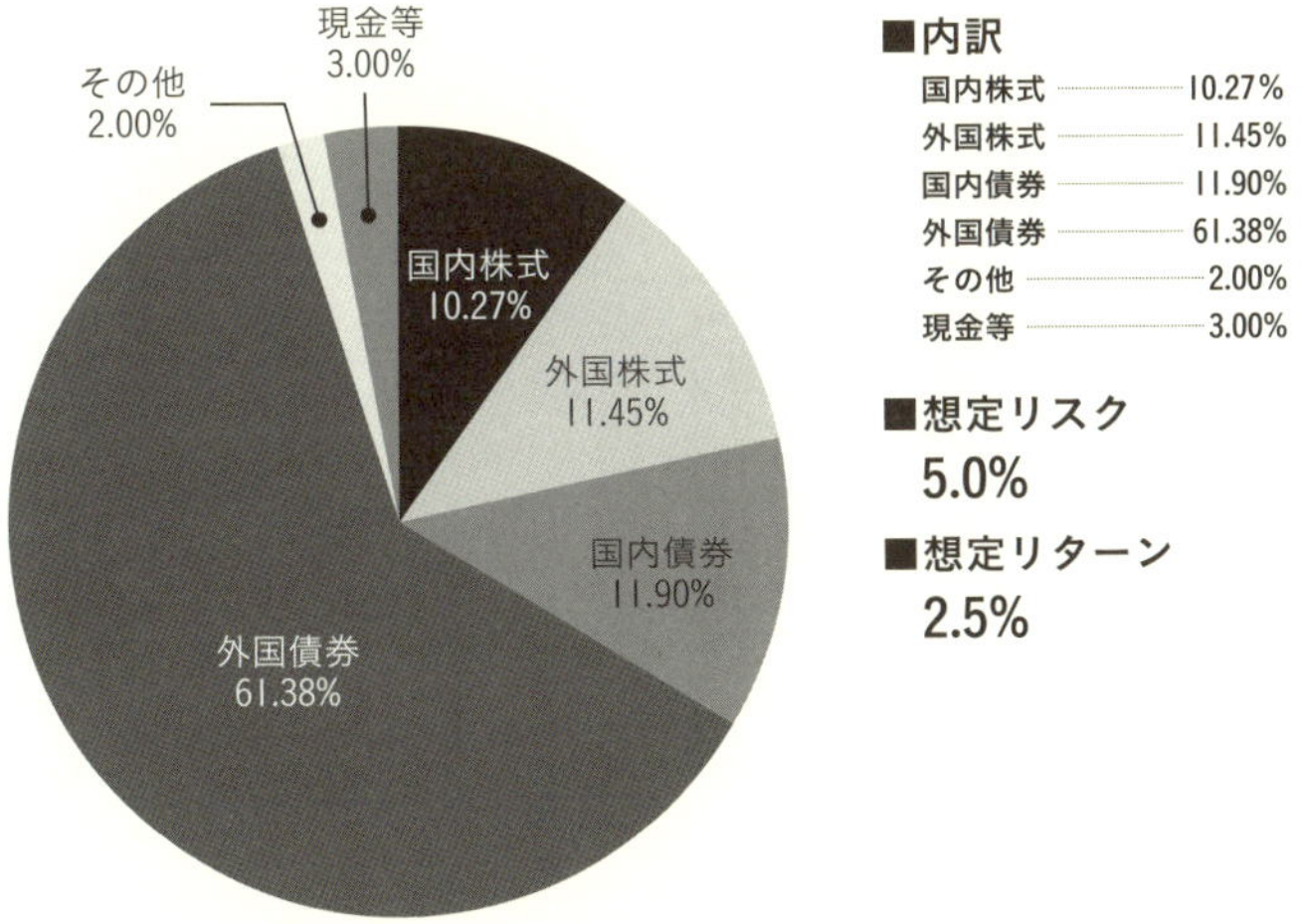

具体的実践方法⑤

60歳からリスクを抑えて70歳まで運用

60歳からのコアのポケットに関しては少しリスクを抑えて想定リターン2・5%の資産配分に2200万円入れて10年間運用します。

そして、インカムのポケットとサテライトのポケットは10年運用してもインカム部分をもらっているので、元本は変わらなかったとします。

すると70歳時点での運用資産が約5000万円になります。この5000万円を70歳から2・5％で運用しながら毎月20万円ずつ取り崩していくと、100歳までの30年間はお金がもつことになります。

公的年金は夫婦で20万円、それに毎月運用資産から20万円取り崩すことができれば40万円を使うことができます。そうするとゴルフや旅行に行きながら、楽しく退職後の人生を送れそうです。

具体的実践方法⑥

信頼できるアドバイザーに相談する

20代、30代のうちは自分で積み立て投資を継続すればいいですが、40代後半から50代になると、運用資産の額も増えてくることから、信頼のできる専門家（アドバイザー）に、相談をしたいと思う人が多くなります。

アメリカでは約3分の1の人がかかりつけ医と同じように、退職前になると運用やライ

「人生100年時代」に備える

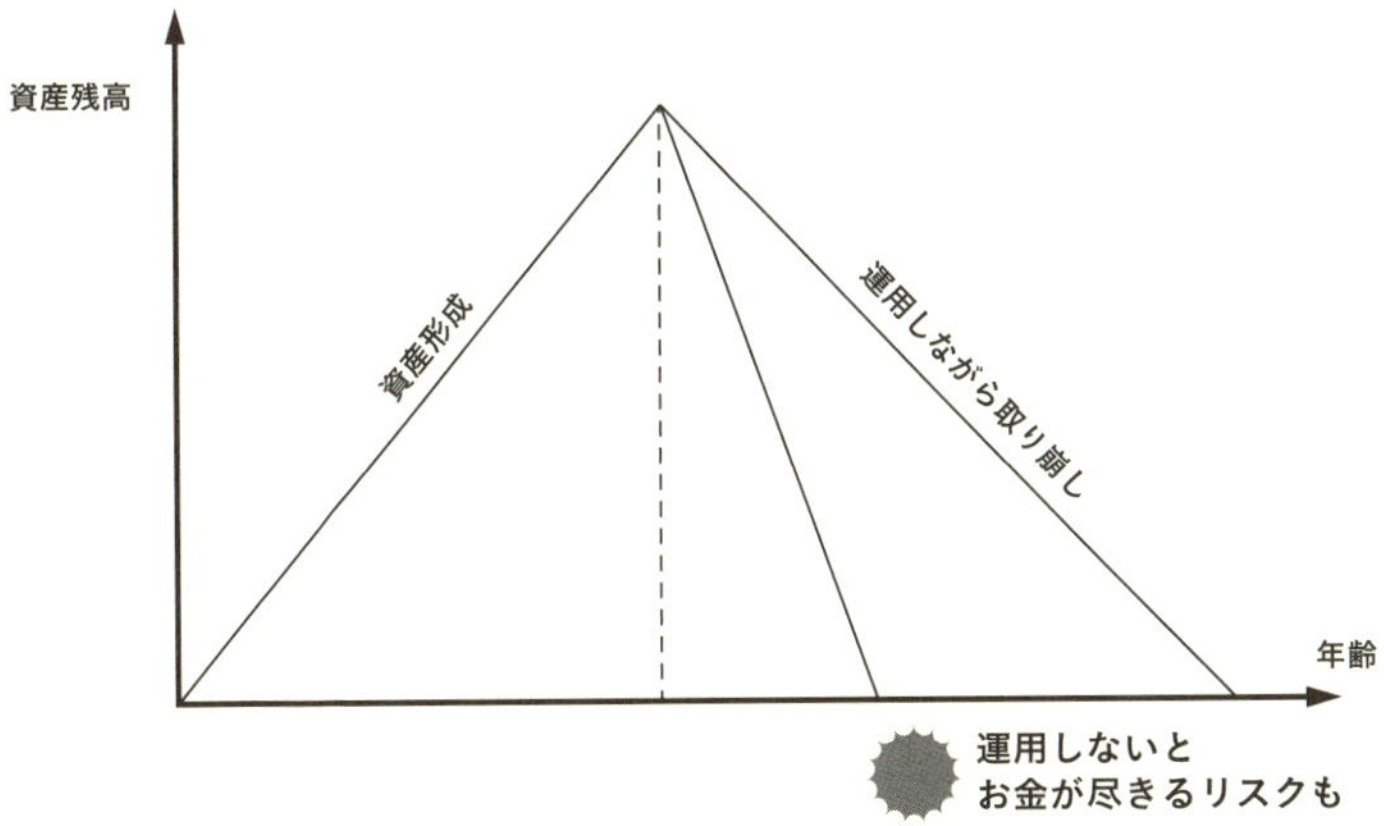

フプランを一緒に考えてくれる**アドバイザーと呼ばれる専門家に相談をしています。**

では何を専門家に相談をするかというと、以下の3つの点になります。

①アセット・ロケーション

②引き出し戦略

③投資行動のコーチング

①のアセット・ロケーションというのは、**資産をどう配分するのが最適か**というアドバイスです。

さきほど説明をしたように税制優遇のある一般NISA、つみたてNISA、ジュニアNISA、個人型確定拠出年金（iD

eCo)、投資信託、不動産など投資先の選択肢は山ほどあり、どこに資産を振り分けるのがいいかは、それぞれの状況や考え方、将来的なプランを考慮して決める必要があります。そこで専門家に相談をするのです。

次に必要になるのが、②の**積み上げた資産を退職後にどのように引き出していくか**の戦略です。年齢が若いときは万が一のときに家族を守る保険に入り、給与天引きで税制優遇のある制度を使って資産を積み上げていけば大きな問題は起こりません。

一方、資産を積み上げた後には、退職金を一時金でもらうのか、年金形式でもらうのか、住宅ローンはどうするのか、年金は繰り上げ・繰り下げを使った方がいいのか、iDeCo、NISA、個人年金はどれから解約すればいいのかなど数々の選択肢があり、引き出し戦略が人生100年時代を乗り切るために求められます。

そして最後が③の**投資行動のコーチング**です。行動経済学の説明をしましたが、アドバイザーに相談をすることで非合理的な判断を抑制できるのであればそこには付加価値があることになります。

例えば、代表的なものに**ホームバイアス**があります。これは**自国の株式に偏重して投資をしてしまうこと**です。

実際、過去30年間で見ると、日本株のパフォーマンスは先進国で一番悪いのですが、リスク資産の大半を日本株で持っている人が少なからずいます。

また**損失回避バイアス**では、人は損失の痛みを多く感じるので、安全確実な選択を好んでします。10年間は使わない資金を普通預金に預けてしまったり、数%の評価損ですぐ売りたくなったりした時に、アドバイザーに相談をして冷静さを取り戻します。

アメリカでは、幸せな人生を送るには3人の信頼のできる専門家が必要と言われています。それは**医者、弁護士、ファイナンシャルアドバイザー（FA）**です。

今でこそ、ファイナンシャルアドバイザーはステータスの高い職業になりましたが、それはこの20年間でFA業界がブローカー（いわゆる株屋）からアドバイザーに業務内容を変えることで、信頼を得てきたのです。

ブローカーからアドバイザーに変わってきた背景を振り返ると、1975年に株式の委託手数料が自由化されたことで証券会社同士の競争が激しくなり、顧客より収益を優先させるために商品を短期で売買する回転売買が社会的問題になりました。

この問題を解決するため、1995年に自主規制委員会（タリー委員会）が発足。委員会の委員長は最大手の証券会社メリルリンチのCEOであるタリー氏が着任し、その委員にはウォーレン・バフェットも名を連ね、議論が重ねられました。

その報告書では、

- **営業マンの報酬を残高連動にするのが望ましい**
- **顧客にも投資の目的を理解するなどの投資家教育をする**
- **系列商品とそれ以外で手数料の差をつけないこと**

などが提案されました。

この報告書を受け、各証券会社の報酬体系が商品ごとに売買手数料から残高連動の報酬体系に変わりました。

残高連動というのは、例えばある営業マンの担当するお客様の預かり資産が50億円あり、そこからお客様が残高に対して1％の手数料を支払っているとすると、その1％の手数料が報酬対象になるということです。

つまり、顧客の資産が増えるような努力をしないと、営業マンの成績は上がらないわけです。

そして購入時の販売手数料をゼロにしていくことで、投資信託の回転売買をするインセンティブが営業マンになくなります。

また残高連動報酬が進んだもう一つの背景には、**金融理論の発達があります。運用成果の90%が資産配分で決まるというポートフォリオ理論の確立が**残高連動報酬の躍進を後押ししました。

それまでの営業パーソンはタイミングをみての個別株投資を顧客に勧めてきましたが、それよりも資産配分が重要であることが示されたことで、個別株売買提案から分散された資産配分を提案するポートフォリオ提案に軸が移っていったのです。

そこで次に登場してきた金融商品が**ファンドラップ**です。特にリーマンショック以降急速に受け入れられました。リーマンショック時にはどの資産クラスに投資をしていても30%〜50%の下落をしましたが、その際に、販売手数料がかかる投資信託を組み合わせて持っていると、急落する過程で行う資産配分の見直しでまた販売手数料が発生してしまいま

米国金融業界が目指すコンサルティング営業の姿

	伝統的な証券営業	コンサルティング営業（資産管理型営業）
自己定義型	ブローカー	アドバイザー
提供する付加価値の中心	プロダクト・パフォーマンス（個別有価証券が中心）	ライフプランへの『ソリューション』・継続的なサービス・安心感（投資信託の組み合わせもしくはラップ口座が中心）
対象資金	余裕資金	顧客の資産全体
投資期間	短期	長期
対価支払方法の中心	コミッション（買い付け額・取引回数連動）	フィー（預かり資産運動）
保有証券時価上昇時のアドバイス	乗り換え	リバランス
営業職員の立位置	対面（案件紹介・提案・推奨を重視）	顧客の『横に座る』（ガイダンスを重視、提供される情報やサービスの内容・成績をともに吟味）

出所：野村資本市場研究所作成資料より筆者作成

す。

顧客の資産は大幅に目減りしているのに、ブローカーである営業パーソンの収入は増えるという矛盾に顧客側が気づいたのです。その利益相反を解消する方法としてファンドラップと残高連動報酬が一気に広まったのです。

日本では残念ながらまだブローカータイプの金融機関が多いのが実情です。

例えば、昨年の資金流入額トップの投資信託を見ても、**テーマ型の投資信託**が多く入っています。

テーマ型とは、ロボティクスファンドやＡＩファンドのように短期的に値上がりしそうなものを3％の手数料を取って販売しているもので、多くの金融機関の営業成績がこの3％の手数料に頼っています。これはアメリカの動きとは逆行しています。

こうした現状を踏まえて、どの金融機関に相談をしにいけばいいのか。

次の3つの質問を相手にぶつけてみてください。

①担当者の評価は販売手数料か、それとも残高から入る手数料か

②担当者の会社都合の転勤はどれくらいの頻度であるか

③その金融機関の共通KPIは他社にくらべてどうか

①の評価制度はとても重要です。

担当者は会社からの評価を考えながら仕事をします。その評価が販売手数料に偏っていると、早く値上がりしそうなテーマ型の投資信託を勧めて、値上がりをすれば次の投資信託に乗り換えようとするインセンティブが働いてしまいます。

次に、②の転勤があるかどうかも聞いておきたい要素です。2～3年で転勤する制度をその金融機関が採用していると、そのたびに担当者に同じ話をしなければなりませんし、長期的視点に立ったアドバイスをしてくれるかが疑問です。

最後に、③の共通KPIとは昨年から金融庁が各金融機関に成果指標として出すことを求めている数字で、「運用損益別顧客比率」などが含まれます。

簡単に言うと、その金融機関に口座を持って取引をしている顧客のうち、どれくらいの人が儲かっていて、どれくらいの人が損をしているのかを数値にしたものです。これまでは、顧客側が金融機関を選ぶ際に参考にする客観的な指標がありませんでしたが、これからは口座を開く前にその金融機関の共通KPIを確認してください。

具体的実践方法⑦

さあ、この10本に長期分散投資をしよう！

そして最後に、具体的にどのファンドを選べばいいかについてです。

私は、この10本を紹介します（230ページ〜）。色々なカテゴリーから選びましたので、その使い方を説明します。

この10本のうち、つみたてＮＩＳＡ口座で購入できるのは、インデックスカテゴリの3本とセゾン・バンガード・グローバルバランスファンドの4本になります。

この10本がｉＤｅＣｏを使って購入できるかどうかは、ｉＤｅＣｏの口座を持っている金融機関によって違いますので、みなさんが口座を持っている金融機関で確認をしてください。


それではどのようにこの10本を使うかを説明していきます。

まずインデックスのカテゴリですが、これは業界でも最低水準の信託報酬のインデックスファンドを3本選びました。

また、全世界株式タイプのものは、時価総額ベースで世界の株式の約90％をカバーしますので、これ1本で世界経済の成長に投資ができます。

もし、少し新興国の割合を増やしたいということであれば、**ｅＭＡＸＩＳ Ｓｌｉｍ新興**

	選定理由	信託報酬	購入時手数料
	特に積立NISAでは運用期間が長期に渡ることから、コストの抑制も重要。「業界最低水準の低コスト」を現在、そして将来にわたって目指し続ける事を謳っているファンド。	年率0.15336%（税抜年率0.142%）	なし
		年率0.20412%（税抜年率0.189%）	なし
	米国で長年の実績のあるバンガード社の優れた投資信託へ低コストで投資できる。このファンド1本で全世界の株式に低コストで投資できる点が魅力。	年0.1296%（税抜0.12%）	なし
	「投資を続ける」という視点で、運用者や会社の顔が見える「独立系運用会社」はおすすめ。本ファンドは1本で世界の株式と債券に幅広く分散投資できる点も魅力。	年0.60%±0.02%（税込／概算）	なし
	マルチマネージャーシステムでグローバルに成長する企業に投資するブレない姿勢を評価。世界分散投資を行うファンドの先駆けとして実績も十分。	年率1.6632%（税抜1.54%）	3.24%（税抜3.00%）
	中小型株ファンドの中でも、割安に放置された銘柄を発掘することに秀でたファンド、基準価格の変動はやや高めだが、中長期での成果に期待。	年率1.836%（税抜1.7%）	3.24%（税抜3.00%）
	ヘルスケア業界はテクノロジーの進歩の恩恵を最も享受する業界の一つ。運用指図を担う米国ウエリントン社の銘柄選択能力も魅力。	年率2.376%（税抜年率2.200%）	3.24%（税抜3.00%）
	インカムとして毎月の収入の足しが欲しい人へおすすめ。実績分配にこだわっており、分配型ファンドでありがちな「タコ足分配」にならない点が評価できる。	1.4364%（税込）	なし
	ロボアドバイザーが自分に合った運用コースを提案してくれ、リバランスを自動で行ってくれる点が魅力。お任せしたい人にはおすすめ。	最大0.702%（税込）	なし
	日本ではまだあまり広がっていないが、米国の確定拠出年金制度で人気のターゲットイヤーファンド。年齢が上がるにつれ自動的にリスクを調整してくれる仕組みは、今後有効な投資先になる可能性も。本ファンドはパッシブファンドを使って上手くコストをコントロールしている点が評価できる。	年0.567%（税抜0.525%）	3.24%（税抜3.00%）

長期投資で使える!

自信をもってオススメするファンド10本

カテゴリ	名称
インデックス	eMAXIS Slim全世界株式(オール・カントリー)
	eMAXIS Slim新興国株式インデックス
	楽天・全世界株式インデックス・ファンド
独立系運用会社	セゾン・バンガード・グローバルバランスファンド
アクティブ	キャピタル世界株式ファンド
	スパークス・ジャパン・スモール・キャップ・ファンド(愛称:ライジング・サン)
	グローバル・ヘルスケア&バイオ・ファンド(愛称:健太)
インカム	楽天・インカム戦略ポートフォリオ(愛称:みのたけ)
ロボアドバイザー	楽ラップ
ターゲットイヤー	楽天ターゲットイヤー2030/2040/2050

国株式インデックスを組み合わせて、全世界株式70％、新興国株式30％にして、より新興国の割合を増やすことも可能です。

次に独立系運用会社のセゾン投信が運用する**セゾン・バンガード・グローバルバランスファンド**があります。こちらは株式50％債券50％の割合になっており、現在の日本の年金の資産配分と近い割合になっております。

株式が１００％だと、少し値動きが大き過ぎるという方には、債券が50％入っているので値動きは株式１００％に比べてマイルドになります。独立系運用会社のいいところはトップ自らがセミナーの講師をしたり、会報誌を通じて長期投資へのメッセージを出してくれるところです。

アクティブのカテゴリでは3本選びました。

これらのファンドはコスト面でいうと、2％台のものもあり、高く感じると思います。しかし、その高いコストに見合ったパフォーマンスを出しているものを選びました。

インデックスファンドが中心でいいですが、少し慣れてきたところで、運用成績の良いアクティブファンドもラインナップに組み込みたいというのであれば、ぜひ参考にしてください。

インカムのカテゴリでは、**楽天・インカム戦略ポートフォリオ**を選びました。このファンドは実績分配型ファンドになっており、元本から分配金を出すタコ足ではなく、ファンドに入ってきたインカムを分配金として出すものになります。

リタイア後に、年金プラスアルファのお小遣いが欲しいという方に向いている商品になります。

ロボアドバイザーでは楽ラップを選びました。

ロボアドバイザーの特徴は、アンケートなどに答え、投資家のリスク許容度を測り、その取れるリスクに対して最も効率的なポートフォリオを選んでくれ、アフターケアとしてのリバランスも自動で行ってくれます。

ターゲットイヤーファンドでは、**楽天ターゲットイヤー2030／2040／**

2050を選びました。

ターゲットイヤーファンドというのは、例えば2040というコースであれば現在45歳で20年後の2040年に65歳になる人が、資産配分のリスクを65歳に向けて徐々に減らしてくれるファンドになります。

年齢を重ねるほど、リスク許容度が低くなるという前提で、年齢とともに株式の比率を下げ、最終的には株式15%、債券85%の割合になります。

興味を持ったファンドについては、ぜひ調べてみてください。

おわりに

本書を最後まで読んでいただき、ありがとうございます。

この本を読むことによって、世界経済は今後も成長をしていくことに確信を持てましたでしょうか。

世界は決まった大きさのパイであるという伝統的な見方は、世界には原材料とエネルギーという2種類の資源しかないことを前提としています。

しかし資源には3種類あり、それは原材料とエネルギーと知識です。中東の油田を採掘すれば、孫の世代の石油の取り分が減ってしまいますが、知識を使って太陽光を効率的にエネルギーに変える方法を見つければ、孫の世代もより多くのエネルギーを手に入れることができます。

私たちの将来の成長を決めるのは土地の大きさや資源量ではなく、知識の量になります。

これは資源のない日本やスイスが先進国になっていることからも分かります。知識の量とは言い換えると人的資本であり、アメリカやシンガポールが豊かな理由は、高い人的資本が高い生産性を生み出しているからです。1870年には、典型的な家族は年間の食料供給量を得るのに1800時間の労働を要しましたが、今日では約260時間の労働が必要なだけです。

このような生産性の向上が10億人の人口を持つ中国やインドで起きており、一人当たりの生産量（一人当たりGDP）が毎年5～8％で伸びて行くことで世界全体が豊かになっていきます。

つまり、私たちは大きさの決まったパイの中に暮らしているのではなく、パイ全体が毎年成長をしていく世界に暮らしています。生物学的には私たちはまだ無限の命を手に入れていませんが、経済学的にはこの世界というパイが今後どれだけ大きくなるか、その限界はありません。

蒸気機関やインターネットの出現により、私たちはより多く生産し消費するようになりましたが、20年後も遺伝子工学やAIの進化によって生産性が上がり、世界経済がさらに成長をしていることは自信を持って予測できます。世界経済が今後も人的資本の生産性向上によって成長をしていくのであれば、世界の株価も当然のように長期的に上がっていくことになります。

みなさんが本書の主人公である隆一に感情移入ができ、隆一のように長期投資を継続する上での基礎の知識が備わり、これから気分も新たに長期投資に臨み、何十年と投資を継続した結果、ハッピーなリタイアメントライフを手に入れることができたなら、私としてはこんなに嬉しいことはありません。

この本を執筆するにあたり、クロスメディア・パブリッシングの小早川さん、坂口さんには大変お世話になりました。また弊社マーケティング部の大沢も書籍化にあたって、いろいろと新しいアイデアを出してくれました。

そして、帝京大学の石毛宏教授にはこの本の先生役パートの執筆に対して色々とアドバイスをいただきました。またこの書籍の元となった楽天証券での連載では、トウシル編集長の武田さんの執筆中の激励のお陰で納得のいくコンテンツを産み落とすことができました。

最後に、休日を使っての執筆を快く許してくれた家族に感謝です。いつもご支援を頂いているすべてのみなさまにこの場を借りてお礼申し上げます。

2019年1月吉日
中桐啓貴

【著者略歴】
中桐啓貴（なかぎり・ひろき）
兵庫県出身。1997年「最後の新入社員」として入社した山一證券の倒産を経て、メリルリンチ日本証券で富裕層向け資産運用コンサルティングに従事。その後米国大学院でMBAを取得中、人々を幸せにしている現地のファイナンシャルアドバイザーの姿に衝撃を受け、日本でも同様のサービスを根付かせようと決意。2006年に「銀行でも証券会社でもない資産運用のパートナー」として設立したGAIAでは、これまで1万件を超える資産運用アドバイスを行う。金融機関に属さない独立系ファイナンシャルアドバイザー（IFA）の先駆けとして、テレビ番組の他、日本経済新聞などでもコメントを寄せる。主著に『会社勤めでお金持ちになる人の考え方・投資のやり方』（クロスメディア・パブリッシング）や『損しない投資信託』（朝日新書）があり、著書累計部数は10万部を超える。

日本一《にほんいち》カンタンな「投資《とうし》」と「お金《かね》」の本《ほん》

2019年 3月 1日 初版発行
2020年 1月12日 第3刷発行

発行 株式会社クロスメディア・パブリッシング
発行者 小早川幸一郎
〒151-0051 東京都渋谷区千駄ヶ谷4-20-3 東栄神宮外苑ビル
http://www.cm-publishing.co.jp
■本の内容に関するお問い合わせ先 …………………… TEL (03)5413-3140 ／ FAX (03)5413-3141

発売 株式会社インプレス
〒101-0051 東京都千代田区神田神保町一丁目105番地
■乱丁本・落丁本などのお問い合わせ先 ……………… TEL (03)6837-5016 ／ FAX (03)6837-5023
service@impress.co.jp
（受付時間 10:00～12:00、13:00～17:00 土日・祝日を除く）
※古書店で購入されたものについてはお取り替えできません
■書店／販売店のご注文窓口
株式会社インプレス 受注センター ……………………… TEL (048)449-8040 ／ FAX (048)449-8041
株式会社インプレス 出版営業部 ……………………………………………………… TEL (03)6837-4635

カバー・本文デザイン 金澤浩二（cmD）
DTP 荒好見（cmD）
印刷・製本 中央精版印刷株式会社
カバーイラスト 白根ゆたんぽ
本文イラスト 上田走（OHRYS BIRD）
ISBN 978-4-295-40280-0 C2033